APRENDA
INGLÉS
CON LA AYUDA DE
DIOS

APRENDA INGLÉS

CON LA AYUDA DE DIOS

FRANCISCO B. GÜELL

CASA
CREACIÓN
A STRANG COMPANY

La mayoría de los productos de Casa Creación están disponibles a un precio con descuento en cantidades de mayoreo para promociones de ventas, ofertas especiales, levantar fondos y atender necesidades educativas. Para más información, escriba a Casa Creación, 600 Rinehart Road, Lake Mary, Florida, 32746; o llame al teléfono (407) 333-7117 en Estados Unidos.

Aprenda inglés con la ayuda de Dios por Francisco B. Güell
Publicado por Casa Creación
Una compañía de Strang Communications
600 Rinehart Road
Lake Mary, Florida 32746
www.casacreacion.com

A menos que se indique lo contrario, todos los textos bíblicos han sido tomados de la *Santa Biblia, Nueva Versión Internacional* (NVI), © 1999 por la Sociedad Bíblica Internacional. Usado con permiso.

Diseño de portada: Bill Johnson
Diseño interior: *Grupo Nivel Uno, Inc.*

Library of Congress Control Number: 2007936912
ISBN: 978-1-59979-124-1

Impreso en los Estados Unidos de América
08 09 10 11 * 6 5 4 3 2

Índice

cantidad y tiempo / Adverbios de cantidad de los más usados / "Some" y "any" / Diferencia entre "Too" y "Very" / Adverbios de tiempo / "Yesterday", "today" y "tomorrow" / "At", "on" e "in" como adverbios de tiempo / Los comparativos y superlativos

*Escuche esto el sabio, y aumente su saber;
reciba dirección el entendido*

*Let the wise listen and add to their learning,
and let the discerning get guidance*

(Proverbios 1:5)

Introducción
¿POR QUÉ APRENDER INGLÉS?

Y se dijo: "Todos forman un solo pueblo y hablan un sólo idioma; esto es sólo el comienzo de sus obras, y todo lo que se propongan, lo podrán lograr".

—Génesis 11:6

The Lord said, "If as one people speaking the same language they have begun to do this, then nothing they plan to do will be impossible for them".

—Genesis 11:6

Las realidades de hoy nos dictan que las principales razones de una persona para querer aprender el idioma inglés son principalmente dos: emigración o simple necesidad. Usted desea emigrar a los Estados Unidos y desea prepararse con anticipación o ya emigró y necesita el inglés para abrirse paso en este país. O simplemente, necesita hablar inglés con propósitos de estudio, profesión o comercio, aun si reside en un país hispano y no piensa emigrar.

Hay un hecho innegable. El inglés es el idioma que más se estudia en el mundo actualmente y se ha convertido en el idioma del progreso; ya sea, dentro de los Estados Unidos —como lo demuestra el poder social, político y económico adquirido por los grupos étnicos que llegaron a este país décadas atrás— o dentro de grupos donde, a partir de la segunda generación, se enfatizó el aprendizaje del inglés.

Así sucedió con las olas de inmigrantes italianos y judíos a principios del siglo XX. Como también se ve en el comercio internacional, donde el inglés se ha convertido en el idioma universal para los negocios y la diplomacia.

Esto no debe ser una sorpresa. Desde tiempo inmemorial, siempre ha habido un idioma que predomina sobre otros para determinadas regiones o para ciertos tipos de transacciones o comunicaciones entre pueblo y pueblo. Y esto se puede apreciar hasta en la Sagrada Biblia.

Nuestro Señor Jesucristo era judío, y tanto Él como sus padres terrenales conocieron la amargura de la emigración, al verse obligados a huir a Egipto. Sin embargo, la inmensa mayoría de los estudiosos afirma que Él hablaba, y posiblemente predicaba, en el idioma arameo y no en el hebreo original de su nativa Palestina. Para su época, el idioma hebreo era ya utilizado, principalmente, sólo para ceremonias religiosas, mientras que la población hablaba el arameo en su diario vivir. Y es muy posible que para comunicarse con Poncio Pilato, que no hablaba arameo, lo haya hecho en idioma griego y no en el latín del romano Pilato. Para ese entonces, el imperio romano abarcaba un gran número de países, y usaba el griego para comunicarse con los súbditos de esas diferentes regiones y para el comercio entre país y país.

El inglés de hoy viene a ser el griego del primer siglo o el arameo de siglos anteriores o el hebreo original del pueblo judío. Lo importante es que es el idioma necesario para las necesidades de adelanto y progreso de las generaciones de hoy y, más aún, para poder llevar la Palabra de Dios de un pueblo a otro.

Este libro se escribe con el propósito de que el lector adquiera los conocimientos básicos del idioma inglés en poco tiempo y pueda comunicarse con efectividad con personas de habla inglesa. ¿Cuánto tiempo le tomará esto? Como en todo método de autoaprendizaje, eso dependerá del compromiso que tenga el lector para con sí mismo y del tiempo e intensidad que le dedique al estudio del mismo.

Si dicho compromiso existe, *Aprenda inglés con la ayuda de Dios* es uno de los métodos más sencillos de aprender el idioma inglés por tres razones básicas:

a) Siendo un libro inspirado por el Señor, su gracia y su poder iluminará a los lectores para expandir su conocimiento.

b) Nuestro sistema está redactado para que sea simple de entender. El libro no utiliza estrictas reglas gramaticales ni complicados símbolos de fonética inglesa para explicar su pronunciación. Esta se detalla utilizando nuestro propio idioma español, con nuestra propia acentuación.

c) El idioma inglés, que nos parece tan complicado, es en realidad un lenguaje sencillo y fácil, con muchas menos palabras y verbos que el español. De hecho, es un idioma flexible, que va cambiando según los tiempos.

Nuestro español, que es el segundo idioma que más se estudia en el mundo entero y el idioma extranjero que más se estudia en los Estados Unidos en este momento, al igual que el francés, son idiomas regidos por academias nacionales del idioma (en nuestro caso por la Real Academia de la Lengua Española), instituciones no muy adeptas a estar realizando cambios frecuentes. El inglés, sin embargo, es más...liberal. No tiene una academia que lo controle y, por lo tanto, se deja influenciar con más rapidez por los cambios sociales a su alrededor.

Finalmente, hacemos énfasis en que el lector no abandone por ninguna razón el estudio, uso y práctica de su idioma natal. Está probado hasta la saciedad que aquellos que dominan a la perfección, al menos, dos idiomas, se destacan y progresan con más rapidez que los que permanecen atados a uno solo.

Una breve historia del idioma inglés

Todos sabemos que el inglés llegó a Estados Unidos procedente de Inglaterra, es decir, de la Gran Bretaña (**Great Britain**, en inglés) o Reino Unido, como se llama ahora.

El territorio de esas islas británicas, siglos antes del nacimiento de Nuestro Señor, era poblado por tribus celtas, que hablaban un idioma parecido al actual galés. El imperio romano, en su época de esplendor, invadió ese territorio y lo ocupó por varios siglos, trayendo al idioma local muchas de las actuales raíces latinas.

Durante todo ese tiempo, y después de la retirada de los romanos, las islas habían sido ocasionalmente invadidas por tribus anglos y sajonas que procedían de lo que es hoy Alemania, y con ellas vino su idioma alemán. A esta mezcla, tenemos que añadir también el idioma danés, procedente de los invasores vikingos y, finalmente, el griego y el latín, procedente de los primeros cristianos.

Súmele a esta mezcla el francés (que tiene raíces latinas) procedente de los normandos, quienes ocuparon el territorio británico en el siglo XI, y tendrá una idea de las diferentes influencias que forjaron el actual idioma inglés. Parte alemán, parte francés, parte celta, parte latín, parte griego y, recientemente, ¿por qué no decirlo?, parte español, al menos en los Estados Unidos: "Hasta la vista, Baby".

Hoy en día, el inglés es el idioma oficial de Estados Unidos, Gran Bretaña (Inglaterra), Canadá, Australia, Nueva Zelandia y África del Sur...y es el idioma que abrirá nuevas puertas de oportunidad para usted.

Capítulo 1

¿ES REALMENTE FÁCIL APRENDER INGLÉS?

"Escuche esto el sabio, y aumente su saber; reciba dirección el entendido."
--Proverbios 1:5

"Let the wise listen and add to their learning, and let the discerning get guidance."
--Proverbs 1:5

Estoy seguro que el lector habrá escuchado en infinidad de ocasiones que aprender el idioma inglés es más fácil que aprender el español. En este libro, lo repetimos varias veces. ¿Es eso cierto?

La respuesta es sí. Y las razones son muchas. Le voy a enumerar algunas:

1) El inglés tiene menos palabras que el español, entre otras cosas, porque muchas palabras inglesas tienen más de un significado. Por ejemplo, **like** (*láic*). **Like** puede significar "gustar", pero también "agradar"; inclusive, se usa a veces como el comparativo "como". Al haber menos palabras para aprender, se hace más fácil y más rápido el aprendizaje.

2) Las consonantes de ambos idiomas suenan igual. Las vocales sí se pronuncian diferentes... pero, ¿de qué nos quejamos?, son sólo cinco. Y en general, la gramática inglesa es bastante parecida a la española, con algunas pequeñas excepciones.

3) Es posible que muchas palabras inglesas ya sean conocidas por el lector, porque han "permeado" hasta nuestro idioma español, ayudando a crear ese idioma híbrido que llamamos "Spanglish".

4) Muchas palabras del inglés tienen raíces de otros idiomas, y uno de los más frecuentes es el latín, de donde proviene nuestro español. Esto nos permite reconocer el significado de esas palabras por su parecido entre ambos idiomas. Pero, cuidado, es posible que se pronuncien de manera diferente.

5) Muchas palabras se escriben totalmente igual en ambos idiomas (vea el Apéndice C). Pero, de nuevo, puede que se pronuncien de una manera diferente. Otras palabras se escriben casi igual y son fáciles de reconocer (vea el Apéndice D).

6) Aun si pronunciáramos mal esas palabras iguales o parecidas, es muy posible que nos entiendan, porque la otra persona reconocerá la raíz de la palabra. No será una comunicación perfecta, pero ¡hey!, nadie es perfecto al principio. La perfección viene con la práctica, dice un viejo dicho.

No todo es color de rosa

No lo quiero engañar. Sí, usted va a encontrar algunas cosas en inglés que serán nuevas para usted, porque, además de pronunciar las vocales de diferente manera, el inglés tiene algunos sonidos que no usamos en español.

Por otro lado, en español estamos acostumbrados a pronunciar las palabras según aparecen escritas, y en inglés muchas se pronuncian de un modo diferente a como se escriben.

También, el hecho de que algunas de las palabras tengan más de un significado nos obliga a prestar atención a lo que dice la oración completa, porque de un contexto a otro, una misma palabra, puede expresar algo distinto.

Cómo dominar el inglés

Creo que ya le hemos dado suficientes pistas de cómo lograrlo. La práctica trae la perfección. Y la práctica requiere constancia y dedicación. En el siguiente capítulo, usted leerá sobre Don Rafael López, que a los 60 y tantos años de edad comenzó a estudiar idiomas (y llegó a dominar varios de ellos) aprendiendo sólo dos palabras al día. Siga su ejemplo.

Obviamente, ni este libro, ni ningún otro libro de aprendizaje básico de inglés, le enseñará lo suficiente como para que usted se convierta en un autor o conferencista de renombre en este idioma. Eso es imposible dada las restricciones de espacio. Pero sí le prometo que siguiendo estas recomendaciones, usted estará muy pronto comunicándose sin mayores problemas con las personas de habla inglesa.

Siga estas recomendaciones

* Dedique al menos media hora al día a estudiar este libro, hágalo una rutina y le sorprenderá cuán rápido va a estar hablando inglés. Si en su ciudad hay alguna iglesia que ofrezca servicios en inglés, asista a estos, preste atención a las palabras del pastor o predicador. Como ya usted conoce la Palabra, notará que irá entendiendo cada vez más lo que se predica.

* Si en su localidad transmiten alguno que otro programa de televisión en inglés, mírelos lo más que pueda. Si así no fuera, trate de oir estaciones radiales de habla inglesa. Escuche los sonidos de las diferentes pronunciaciones y repítalas. Si va al cine a ver una película en inglés, no le preste atención a los subtítulos en español. Trate de seguir la trama a través del lenguaje o compare rápidamente lo que oye con lo que lee.

* Si conoce a alguien que hable inglés, pídale conversar con usted en este idioma con la mayor frecuencia que pueda. No se avergüence por sus errores iniciales. Nadie nace sabiendo. Al contrario, el esfuerzo que usted hace en superarse personalmente es digno de admiración.

Es posible que haya oído antes que para hablar buen inglés "hay que pensar en inglés", y puede que esto le haya frustrado. Yo no creo en eso. ¿Cómo es posible que pensemos en un idioma que no dominamos todavía? A mi entender, sucede todo lo contrario. Primero, se habla el nuevo idioma, aunque tenga usted que pensar en el suyo, traducirlo mentalmente y luego hablar el nuevo. Después que haga esto por un tiempo, estará automáticamente pensando en el nuevo idioma según sea necesario, porque pensar es algo que no se puede hacer "a la demanda".

Práctica, es sólo repetición y práctica.

Instruye al sabio, y se hará más sabio;
enseña al justo, y aumentará su saber.

—*Proverbios 9: 9*

Instruct a wise man and he will be wiser still;
teach a righteous man and he will add to his learning.

—*Proverbs 9:9*

Otros libros de enseñanza inglesa utilizan los símbolos de fonética internacional para ilustrar la pronunciación de las palabras en inglés. En mi modesta opinión, muy pocas personas con deseos o necesidad de aprender este idioma saben reconocer la pronunciación de dichos símbolos fonéticos, que usan letras griegas y del latín, que a veces toman características de "jeroglíficos". Es algo así como el idioma *Esperanto* que se creó hace décadas atrás por la comunidad internacional para que fuera un idioma reconocido en todos los países del mundo, y hoy en día nadie lo conoce.

En cambio, el inglés que usted va a estudiar en este libro es el idioma que realmente se ha convertido en un lenguaje internacional.

Cómo descifrar la pronunciación

¿Sabe qué tiene que descifrar en este libro? Absolutamente nada. *Aprenda inglés a la manera de Dios* usa su propia pronunciación castellana de día a día para describirle cómo se oyen las palabras en inglés.

Entenderlas es sumamente sencillo.

1) Las palabras en **inglés** aparecen en tipografía **"negrita"**, más oscuras.
2) A su derecha, en letra *cursiva* o *"manuscrita"*, aparece la pronunciación en inglés, usando ortografía y pronunciación española.
3) Al final, aparece el significado en español, es decir, su traducción en letra normal.

Las letras al final de algunas palabras

Seamos sinceros con nosotros mismos. En español, a veces nos "comemos" (nos saltamos u omitimos) algunas letras al final o al principio de las palabras y no las pronunciamos. Otras veces, hasta en el medio de ellas. En inglés, es bien importante que cada letra se pronuncie, pues no hacerlo podría cambiar totalmente el significado de la palabra.

Para mayor facilidad del lector, en aquellas palabras que es sumamente necesario que la letra final se pronuncie, sea una "**s**", una "**d**", una "**t**", etc., hemos puesto un guión al final con la letra "**s**", "**t**" o cualquiera que sea, repetida, para que usted recuerde que debe pronunciarla completamente. Esto es, el guión final es señal de que la letra que se está separando, debe pronunciarse totalmente.

Ejemplo: I went   ái uént-t   Yo fui

En muchas ocasiones, nuestra costumbre de eliminar letras, va a tratar de que nos limitemos a decir *ái uén* sin la "t" final. Pero ese *uén* "suena" más como la pronunciación de "**when**" (*uén*), que significa: ¿cuándo?

Para pronunciar **went** (fui) correctamente es importante que esa "**t**" final se oiga. Y para recordárselo, la ponemos después de un guión: "*uént-t*".

Por otro lado, cada país hispano tiene sus propias características y "malas costumbres" en la pronunciación de sus palabras. Esto también ocurre, en cierto grado, en el inglés, y los estadounidenses, ingleses, canadienses, australianos, etc., hablan el inglés con ciertas características propias, que ningún libro de enseñanza del idioma puede aspirar a enseñar.

Así mismo sucede dentro de la nación estadounidense, donde el inglés que se habla en los estados del Noreste tiene estilos de pronunciación algo diferentes a los estados del Sur o del Oeste Medio.

Lo cierto es que hablando inglés puro, como enseñamos en este libro, cualquier persona de habla inglesa le entenderá perfectamente y le responderá de la misma manera, dejando a un lado su "forma" de hablar inglés.

Las letras al principio de algunas palabras

En español, también eliminamos algunas letras al principio de palabras, o lo que es peor, las pronunciamos en español cuando estamos hablando en inglés.

Por ejemplo, la palabra **step** que significa "paso o escalón" en español.

step *s-tép* paso (o escalón)

Es común que querramos pronunciarla: *estép*.

Porque estamos acostumbrado a que esa "**s**", al principio de una palabra, se pronuncia "es", con una "e" en español. Pero si dijeramos: "*estép*", nadie la entendería en inglés.

Es importante que empiece a pronunciar esa palabra (u otra similar) usando una "**s**" pura y sonora...casi un soplido con la lengua detrás de los dientes. Y por eso, describimos nuestra pronunciación como "***s-tep***" para recordarle que no hay ninguna "e" y sólo una "**s**" que debe escucharse.

Nuestro sistema

Otros libros o métodos de aprender inglés, comienzan a partir de frases ya hechas para que usted las pronuncie y aprenda de memoria, aun sin saber el por qué de su pronunciación o su ortografía. *Aprenda inglés con la ayuda de Dios* prefiere empezar tal y como empezamos cuando aprendimos el español.

Primero con las vocales y después con las consonantes y sus pronunciaciones. Después, los verbos, etc. Así entenderá la lógica y el por qué de la "construcción" de las palabras, frases y oraciones. Así es como fuimos enseñados de pequeños y nuestra mente captará más fácilmente las diferentes pronunciaciones entre un idioma y otro. Al final de los capítulos, damos un ejercicio con una lista de palabras para escribir, pronunciar y memorizar, con el propósito de ir ampliando su vocabulario.

Este no es el primer libro o material en ofrecer a los interesados un sistema fácil para aprender inglés. Hasta donde se sabe, desde 1930, comenzaron los esfuerzos por presentar una manera simple y básica para ello. Ese año, el autor británico O.K.Ogden publicó su libro *Basic English* (Inglés básico), en el cual se enseñaba el uso de 850 palabras inglesas dentro un método desarrollado por Ogden, donde se simplificaban algunas reglas gramaticales y se omitían otras.

En *Aprenda inglés con la ayuda de Dios* no intento cambiar ninguna regla, ni limitarlo a un número exacto de palabras, pero sí continuar con la esencia del propósito de Ogden, también continuada por otros después de él.

Los ejercicios en este libro

Algunas de las lecciones del libro, especialmente aquellas que tratan sobre temas que podemos llamar gramaticales, tienen al final una sección con ejercicios. En ella, usted deberá pronunciar varias veces la palabra en inglés, según está escrita, y escribir a su derecha el significado en español. Cada una de las palabras del ejercicio son palabras usadas en ese mismo capítulo o capítulos anteriores, de manera que si usted tiene dudas, pueda buscar en ellos la pronunciación correcta y su traducción al español.

Otros capítulos de *Aprenda inglés con la ayuda de Dios* no conllevan ejercicios, porque son, en su mayoría, lecciones donde usted aprenderá palabras que atañen a situaciones o lugares específicos del diario vivir. Por lo tanto, son palabras que usted debe estudiar y memorizar con todo esmero. Al aprenderlas, le será fácil después "armar" las frases u oraciones que desee expresar.

Si por casualidad, alguna palabra de un ejercicio aparece repetida en otro, ¡qué importa!... El propósito final de cada ejercicio es lograr que usted repita y repita las palabras anteriormente estudiadas.

El ejemplo de don Rafael

Años atrás, don Rafael López, un gran amigo de mi familia, de bastante edad, trabajaba como botones, cargando maletas, en un hotel de turismo de Miami Beach en Florida. A pesar de ser el más viejo del grupo de botones, era el que más propinas ganaba.

"¿Sabes cuál es mi secreto?", me dijo un día, cuando hablábamos del tema. "Yo saludo y me entiendo con los huéspedes en su propio idioma, aunque vengan de siete países diferentes", me explicó, "y ellos aprecian que yo hable su idioma, aunque no perfectamente, al menos para entendernos bastante bien".

No pude evitar preguntarle: "Pero, ¿cuándo y cómo aprendió usted tantos idiomas?". Se sonrió y me dijo: "Empecé hace ocho años. Ya tenía 62 años de edad, pero tomé la decisión de dedicar un año entero a aprender un idioma diferente. Y cada día de ese año estudié y aprendí dos palabras de ese idioma. Sólo dos palabras diarias. Al año, ya sabía más de 700 palabras del idioma escogido, y con 700 u 800 palabras, cualquier persona se comunica y entiende con otra en cualquier idioma".

Y tenía razón, a pesar de que nunca había oído del libro de O.K.Ogden. En ese momento, mi viejo amigo estaba autoenseñándose nada menos que el nada fácil idioma japonés.

Aprenda inglés con la ayuda de Dios permitirá al lector aprender muchas más de las 700 palabras de don Rafael o las 850 de Ogden. En adición, podrá ampliar aun más su vocabulario, si por su cuenta busca y estudia palabras inglesas que encuentre en revistas, libros, periódicos o cualquier otra fuente de información que pase por sus manos diariamente. Porque, en cualquier materia o situación, cada día aprendemos algo nuevo.

Quizás usted no se haya dado cuenta que ya conoce cientos de palabras en inglés. Algunas porque se han filtrado al español, gracias a su uso continuo, como **aerosol**, **bingo** o **ping-pong**. Otras, porque siempre se han escrito igual en ambos idiomas, aunque se pronuncien diferente como: **angel**, **division** y **eclipse**; dado que, como ya mencionamos, muchas palabras inglesas usan raíces latinas y griegas. En el Apéndice C del libro, encontrará una lista de casi 500 de ellas. Cierto es que muchas son palabras técnicas o de poco uso en las conversaciones diarias y por eso no las contamos en las que debe aprender para hablar inglés, pero sea como sea, ampliarán su vocabulario.

Hace años que no sé de don Rafael. Dada su edad, es posible que ya haya ido a morar con el Señor. Pero siempre le estaré agradecido por su singular enseñanza.

Capítulo 3

LAS VOCALES

¡Quién sabe cuántos idiomas hay en el mundo,
y ninguno carece de sentido!

—1 Corintios 14:10

"Undoubtedly there are all sorts of languages in the world,
yet none of them is without meaning."

—1 Corinthians 14:10

Empecemos...por el principio, que es el mejor lugar para comenzar.

Quién no recuerda nuestra primera cartilla. Lo primero que aprendimos en español fueron las vocales: a-e-i-o-u.

Ellas son las mismas vocales que se usan en inglés, sólo que, a veces, tienen una pronunciación muy diferente a las que nosotros aplicamos para decir:

Ángel

Estudio

Interno

Oriente

Universidad

Inclusive, puede que una misma vocal inglesa se pronuncie de diferente forma en distintas palabras. No tema, aquí le iremos explicando y llevando de la mano para que sea fácil de entender.

Pronunciación de las vocales en inglés

Si se fueran a deletrear una por una, habría que pronunciarlas de esta manera:

a *éi*

e *í*

i *ái*

o *óu*

u *uú* (o *iú*)

Pero si se pronunciaran así siempre, eso sería demasiado fácil y no necesitaría este libro. Lamentablemente, cada vocal inglesa tiene diferentes pronunciaciones según la palabra, y lo que es peor, en el idioma escasean las reglas para usar una o usar otra. Muchas de las pronunciaciones se aprenden sólo a través de su práctica y repetición. Veamos las principales.

Pronunciación de las vocales dentro de algunas palabras

Sonidos de la "a"

Fan (abanico) suena como la *a* española	fan
Father (padre) suena como la *a* española	fáde-r
Say (decir, diga) suena como la *e* española	séi
May (Mayo) suena como la *e* española	méi
Date (fecha, cita) suena *éi* como en su deletreo (usualmente si la palabra termina en letra "e")	déit
Cake (bizcocho, torta)	kéik
Mall (centro comercial) suena como la *o* española.	mol
Fall (caída) suena como la *o* española	fol

Sonidos de la "e"

Get (busca, toma) suena como la *e* española, *guet*, (recuerde que aquí la *u* no suena (usualmente si es la segunda letra) en español. Para que sonara necesita la diéresis española ü),

Best (mejor)	*bés-t*
East ("Este" como punto cardinal) suena como la *i* española	*íst*

Sonidos de la doble "e"

La **e** repetida, o doble **e**, se pronuncia como la "*i*" española

Meet	(encontrar, reunirse)	*mit*
Fleet	(flota marítima)	*flit*
Feet	(pies)	*fit*

Sonidos de la "e" al final de una palabra

En la mayoría de las palabras que terminan con la vocal "**e**", *esta no se pronuncia*, especialmente si en el cuerpo de la palabra hay una vocal seguida de una consonante, para entonces terminar en una "**e**".

Vote	(vote)	*vóut*	Make	(hacer)	*méik*
Large	(grande)	*lárch*			

Sonidos de la "i"

Hit	(golpear) suena como la *i* española	*jít*
Give	(dar)	*guíf*
High	(alto) suena *ái* como la i inglesa deletreada	*jáig*
Bird	(pájaro) suena como la *e* española	*berd*
Time	(tiempo, hora) suena como *ái*	*táim*

Sonidos de la "o"

La "**o**" inglesa tiene varias pronunciaciones diferentes. Rara vez se pronuncia como pronunciamos la *o* española como: Boy (muchacho): *bói*.

1) La mayoría de las veces se pronuncia como se deletrea en inglés: *óu*

Boat	(bote	*bóut*	Home	(hogar)	*jóum*
Snow	(nieve)	*s-snóu*			

2) Cuando aparece como vocal única, casi siempre se pronuncia como una *ah* española. La realidad es que es un sonido que empieza en una *o* muy suave y se convierte en *ah*. Si tiene problemas con esta pronunciación al principio, simplemente pronunciéla como la *a* española.

Lot	(mucho, lote)	*loát* (sin pronunciar esa *o* totalmente) o *lát*
Hot	(caliente)	*hoát* o *hát*

3) Cuando aparecen dos "**o**" juntas, "**oo**", se pronuncian como la *ú* española, "estirándola" un poco.

Food	(comida)	*fú-ud*	Good	(bueno)	*gú-ud*

4) Cuando es seguida de las letras **u** o **w**, se pronuncia como "*au*"

Town	(pueblo)	*táun*	Cloud	(nube)	*cláud*
Loud	(sonido alto)	*láud*			

Sonidos de la u

Como la *o* española:

Much	(mucho)	*móch*	Cup	(copa)	*cóp*
Sun	(Sol)	*són*			

Como la *u* española:

Blue	(azul)	*blú*	Ruler (regla de medir)	*rúle-r*

Como la *e* española:

Fur	(piel)	*fer*

Como el diptongo *iu* español:

Cure	(curar)	*kiu-r*

Las dos vocales falsas del inglés

En inglés, hay dos consonantes que, en ocasiones, son usadas como vocales. Por eso les llamamos las vocales falsas.

La "w" como vocal

En español, llamamos "doble v" a la "w". En inglés, se llama "doble u" y muchas palabras que usan la **"w"** se pronuncian como una *u* alargada o doble, es decir que se pronuncia estirando la *u* por más tiempo. O sea, una **doble u**.

Two	(dos)	*tú-u*
We	(nosotros)	*ú-uí*
Wonderful	(maravilloso)	*ú-uonderful*

La "y" como vocal

En español, la "ye"o "y griega" es una consonante que tiene una pronunciación bastante parecida a la "ll". Sin embargo, en inglés, además de su usual trabajo como consonante, la **"y"** se pronuncia como la i regular (*ai*) cuando es la única "vocal" dentro de la palabra.

Try	(trata)	*trái*	My	(mi)	*mái*

EJERCICIO: LAS VOCALES

Escriba a la derecha de cada palabra el significado en español de la misma y pronúnciela varias veces en inglés. Si tiene alguna duda en alguna, todas han sido usadas en la lección anterior sobre las vocales. Búsquela en ella, estudie su significado y vuelva a pronunciarlas varias veces.

Este ejercicio, y otros iguales que encontrará mas adelante, han sido preparados con el único propósito de crear repetición y práctica, las dos piernas sobre las que se sostiene el estudio de este libro.

Best_____	Fan_____
Father_____	Say_____
May_____	Date_____
Get_____	East_____
Meet_____	Fleet_____
Feet_____	Vote_____
Make_____	Large_____
Hit_____	Give_____
High_____	Bird_____
Time_____	Boat_____
Home_____	Snow_____
Lot_____	Hot_____
Food_____	Good_____
Town_____	Cloud_____
Loud_____	Much_____
Cup_____	Sun_____
Blue_____	Ruler_____
Fur_____	Cure_____
Two_____	We_____
Wonderful_____	Try_____

Capítulo 4

LAS CONSONANTES

"Tú hablarás con él y le pondrás las palabras en la boca;
yo los ayudaré a hablar, a ti y a él, y les enseñaré lo que tienen que
hacer."

–Éxodo 4:15

"You shall speak to him and put words in his mouth;
I will help both of you speak and will teach you what to do."
–Exodus 4:15

Si sacamos las cinco letras vocales ya estudiadas del alfabeto, nos restan 21 letras consonantes:

b *(bi)*	c *(ci)*	d *(di)*	f *(ef)*	g *(gi)*	h *(éich)*	j *(lléi)*
k *(kéi)*	l *(el)*	m *(em)*	n *(en)*	p *(pi)*	q *(quiú)*	r *(ar)*
s *(es)*	t *(ti)*	v *(vi)*	w *(dóbel iú)*	x *(ex)*	y *(uái)*	z *(zi)*

En inglés, no se considera letra a la *ll* (*"lle"*) española. Cuando usted vea una palabra con **ll** es una doble **l**, no una *ll*. De hecho, la **ll** se pronuncia como una simple *l*:

Ballot	(boleta de votación)	*Bálot*
Mallet	(mallete, martillito)	*Málet*
Valley	(valle)	*Váli*

Cómo pronunciar las consonantes

En inglés, una misma consonante puede tener dos pronunciaciones diferentes. No hay por qué tener temor. Con la costumbre se desarrolla la facilidad.

Las dos pronunciaciones son:

Sonido vocal (que se pronuncia utilizando la boca, es decir, su voz)

Ejemplos: **d** *(di)* **g** *(llí)* **v** *(vi)* Pronúncielas y verá que tiene que poner los labios, la lengua y los dientes (su boca), de una manera especial para que salga el sonido. Mejor aún, hágalo frente a un espejo para apreciar el movimiento de su boca.

Sonido sordo (algunos lo llaman "gutural" porque el sonido no se produce con la voz, sino en la garganta, o es producido por el aire al salir a través de los dientes, casi como un soplo).

Ejemplos: **k** *(kéi)* **s** *(es)* **f** *(ef)*

La consonante fantasma: "th"

¿Es o no es una consonante? La **"th"** no existe como consonante y, sin embargo, se usa como tal. Y se usa mucho. Posiblemente sea la pronunciación que más problemas nos da a los hispanos. Inclusive, es una de las pocas que tiene tanto sonido vocal como sonido sordo. Por eso, es importante que le dediquemos atención especial.

Como sonido vocal:

En este sonido, la **th** suena muy parecida a una *d* española.

These	(estos)	*dí-ise*	(Suena como una *d* y debemos estirar la vocal que le sigue)		
Those	(aquellos)	*dó-ouse*	Other	(otro)	*óder*

En la **th** vocal, la lengua permanece siempre detrás de los dientes y por eso suena como una *d.*

Como sonido sordo:

Ya dijimos que en los sonidos sordos, pronunciamos a base de un pequeño soplido o escape de aire a través de los dientes. En ese caso, el sonido es muy parecido a la *z* española.

Think	(piensa)	*zinc*	Thing	(cosa)	*zing*
Math	(matemáticas)	*matz*	Thanks	(gracias)	*zénc-s*

Para pronunciar la **th** sorda es importantísimo colocar la punta de la lengua entre los dientes y retirarla al momento de expeler el aire.

La "th" en el inglés antiguo

Conocer y pronunciar bien la **th** es muy importante para el estudiante cristiano que busque leer la Biblia en inglés. Muchas ediciones bíblicas en dicho idioma utilizan con frecuencia palabras o pasajes escritos en inglés antiguo. Y en dicha versión del idioma se usa mucho la **th**.

La terminación "-tion"

Usted aprenderá muchas palabras anglosajonas que terminan en "-tion". Y esa **t** al principio de la terminación, es como una trampa de pronunciación. Los hispanos amamos la **t**. Es fácil de pronunciar y es muy expresiva, igual que nosotros. De hecho, en inglés, la **t** se pronuncia igual que en español en casi todos los casos. La principal excepción es la terminación "-tion", que debe pronunciarse "*shen*".

Así que preste **"attention"** *atén-shen*

Competition (competencia) *campeti-shen*
Resignation (resignación) *resignéi-shen*

Cuidado con la "sh" y la "ch"

Los hispanos tendemos a pronunciar las palabras inglesas con **"sh"** igual que si esta fuera una **"ch"**. Por este motivo es que, con más frecuencia, nos delatamos que no somos anglos al hablar inglés. La realidad es que las dos tienen una sutil diferencia en su sonido, que sólo podremos dominar con mucha práctica.

En las palabras con **"ch"**, ésta debe pronunciarse marcadamente, con fuerza. Con la misma pronunciación que usted le dá en español cuando dice: chivo.

Church	(iglesia)	*chér-ch*	Chair	(silla)	*chéar*
Check	(cheque)	*chék*	Chapter	(capítulo)	*chápter*

En las palabras con **sh,** aunque de parecido sonido, ésta debe pronunciarse con más delicadeza. Es un **"sh"** como el que se dice para mandar a bajar la voz a otras personas en un hospital, donde no queremos nosotros hacer mucho ruido.

Shelter	(albergue, abrigo)	*sheltar*	Shepherd	(pastor)	*shépar-d*
Ship	(barco)	*ship*	Shoe	(zapato)	*shú*

La parte mecánica de la pronunciación

Según el diccionario, se le llama *mecánica* a aquello que trata sobre el equilibrio y movimiento de unos cuerpos movidos por una fuerza. Y para pronunciar bien algunas palabras inglesas, tenemos que mover partes de la boca (cuerpos) movidas por nuestros músculos (fuerza). Esto no ocurre exclusivamente en el inglés. Sucede igual en español, sólo que ya estamos habituados y lo hacemos automáticamente...es decir, mecánicamente.

Por ejemplo, usted recordará que en español nos enseñaron que "delante de una **p** y **b** siempre se escribe **m**". Aprendimos a escribir "campo" y no "canpo". A escribir "tómbola" y no "tónbola". ¿Sabe usted el porqué de esa regla española?

Porque, al pronunciar la palabras, no hay manera posible de pronunciar la **p** y **b** sin primero cerrar los labios. Inténtelo. Y al cerrarlos, usted convierte la posible **n** en una **m**, que requiere de por sí cerrar los labios. Todo por una razón: mecánica.

Éste es el motivo por el que, inicialmente, debe prestar mucha atención a cómo colocar los labios, la lengua y usar el aire de su respiración para pronunciar algunas letras inglesas. Con la práctica, lo estará haciendo automáticamente, en muy poco tiempo.

En boca cerrada no entra...el inglés

Los hispanos tendemos a hablar con la boca muy cerrada. Este fenómeno se ve cada vez más frecuentemente en las generaciones más jóvenes. El inglés, sin embargo, es un idioma que necesita mucha expresión, y para eso es importante articular bien con la boca. Es imposible articular si la boca no está bien abierta.

La mejor manera de practicar el que estemos abriendo la boca lo suficiente es que usted pronuncie muchas palabras en inglés frente a un espejo, como ya recomendamos antes. Hágase una idea mental de que usted tiene que lanzar o proyectar la palabra contra el espejo y observe la imagen al hablar.

Un consejo personal

Si toda esta explicación de sonidos sordos y sonidos vocales le confunden, sobre todo, si es usted uno de los lectores que ya no son muy jovencitos o jovencitas (como es el caso de muchas personas que quieren aprender inglés, porque están en trámites de obtener la ciudadanía estadounidense), haga lo que yo hice en mi momento: deje a un lado la *razón* de muchas de las reglas gramáticas o de pronunciación, léalas, porque interesan como materia, pero no tiene que memorizarlas. Concéntrese en su ejercicio y practique.

Ahora mismo, usted debe de hablar un español casi perfecto, porque sólo el Señor es perfecto. Sin embargo, estoy seguro que ya no recuerda muchas de las reglas gramaticales de español que aprendió en la escuela. Lo habla bien, porque lo repite y lo repite todos los días. El inglés es igual. Trate de hablarlo lo más posible. Solo o con otras personas. Especialmente, si ellas también lo hablan.

No sienta vergüenza si al principio no lo habla bien, ni siquiera frente a los estadounidenses. Ellos apreciarán su esfuerzo y le ayudarán. De hecho, una de las cosas que ha hecho grande a los Estados Unidos es la gran cantidad de diferentes grupos étnicos que componen el país. ¿Y sabe usted algo? Muchos de ellos no hablan buen inglés tampoco.

EJERCICIO: LAS CONSONANTES

Este ejercicio es idéntico al anterior sobre las vocales. Escriba a la derecha de cada palabra el significado en español de la misma y pronúnciela en inglés varias veces. Si tiene alguna duda sobre ellas, todas han sido usadas en la lección anterior sobre las consonantes. Búsquelas, estudie el significado de cada una y vuelva a pronunciarlas varias veces.

Ballot_____

Valley_____

Thing_____

Thanks_____

Competition_____

Church_____

Check_____

Shelter_____

Ship_____

Mallet_____

Think_____

Math_____

Attention_____

Resignation_____

Chair_____

Chapter_____

Shepherd_____

Shoe_____

Capítulo 5

Conozcamos los Estados Unidos de América

"Dichosa la nación cuyo Dios es el Señor..."
--Salmos 33:12

"Blessed is the nation whose God is the Lord..."
--Psalms 33:12

Todo libro de enseñanza básica de un idioma corre el peligro de convertirse en algo aburrido y tedioso. Es mucho lo que el autor debe transmitir al lector en poco tiempo y espacio. Para evitar tal cosa, este libro va a interrumpir ocasionalmente su misión de enseñanza gramatical para insertar secciones o capítulos de temas y situaciones de la vida real, que puedan ser de interés al lector-estudiante y, a la vez, le enseñen palabras y frases inglesas que sean útiles.

En esa perspectiva, y pensando que muchos de los lectores desean aprender inglés con la intención de visitar o residir en los Estados Unidos, esta primera interrupción gramatical se dedica a conocer un poco al coloso del Norte.

Lo primero que los hispanos encontramos diferente de Estados Unidos, en términos de las costumbres que tenemos arraigadas, es como los estadounidenses llaman **America** a su país. Para nosotros, América significa los dos continentes de este hemisferio: América del Norte, que comprende a Estados Unidos y Canadá; América del Sur, con sus varios países; y América Central, que une los dos continentes, también integrada por varios países. De manera que si en el transcurso de una lectura o una visita a los Estados Unidos, usted lee u oye la palabra **America**, debe entender que ellos se están refiriendo a su país y no al continente.

¿Americanos o norteamericanos?

Lo anterior trae por consecuencia que los estadounidenses se refieren a sí mismos como **americans**, *américan-s* (americanos), mientras que los hispanos los describimos como *estadounidenses,* tal como yo acabo de hacer; o como *norteamericanos,* lo que geográficamente hablando no sería tampoco correcto del todo, porque los canadienses son residentes de América del Norte también.

División política

Nosotros estamos acostumbrados a que un país entero esté dividido en provincias, las provincias en municipios, los municipios en pueblos y los pueblos en barrios. Todos operando bajo las mismas leyes. Así mismo, Estados Unidos tiene su propia división política, con algunas pequeñas diferencias.

Como país, Estados Unidos está dividido en **states**, *s-téits* (estados), que están unidos bajo una confederación. De hecho, cada estado puede tener leyes estatales propias, aunque están supeditadas a las leyes federales del país.

Cada **State** se divide en muchos **counties**, *cáuntis* (condados), y cada **County**, *cáunti*, en **cities**, *cítis* (ciudades) o **towns**, *táon-s* (pueblos). Algunas **cities** grandes, como New York, están divididas en **boroughs**, *bórou-s*, una palabra anglo que notará se parece a la palabra española *"barrio"*, que es lo que en realidad son. Cada una de estas divisiones está regida por un gobierno local: el **state**, por un gobernador y dos cámaras legislativas estatales; los **counties**, **cities** y **towns** por un alcalde y una comisión (consejo municipal); y los **boroughs**, usualmente por un consejo o cabildo.

El país está gobernado por tres ramas federales: la Ejecutiva, la Judicial y la Legislativa.

La rama ejecutiva está conformada por el Presidente, el Vicepresidente y un Gabinete de secretarios (ministros). La rama judicial por la Corte Suprema de los Estados Unidos y sus diferentes cortes federales. Y la rama legislativa por un Senado, con 2 senadores por cada estado, y una Cámara de Representantes con un número de representantes federales de cada estado, según el tamaño de su población.

Los 50 estados

Alabama	*alabema*	Alaska	*alas-ka*	Arizona	*arizóu-na*
Arkansas	*arkensou*	California	*cali-for-ni-a*	Colorado	*coloura-do*
Connecticut	*cané-tica-t*	Delaware	*déla-uér*	Florida	*flórida*
Georgia	*llór-llía*	Hawaii	*ja-uá-i*	Idaho	*áida-jo*

Illinois	íli-nói	Indiana	indiéna	Iowa	ái-ou-wa
Kentucky	ken-táki	Louisiana	lúi-siéna	Maine	méi-n
Maryland	méri-lén-d	Michigan	míshi-guen	Minnesota	mine-sóuta
Mississipi	misi-sípi	Missouri	mi-súri	Montana	man-téna
Nebraska	ne-bráska	Nevada	nevá-da	New Hampshire	niú jám-p-sher
New Jersey	niú llérsi	New Mexico	niú mék-sicou	New York	niú llórk
North Carolina	nor-z carolái-na	North Dakota	nor-z dakóu-ta	Ohio	ojái-o
Oklahoma	ókla-jóu-ma	Oregon	óreguen	Pennsylvania	pénsil-véinia
Rhode Island	róud áislen-d	South Carolina	sáu-z carolái-na	South Dakota	sáu-z dakóu-ta
Tennessee	téne-sí	Texas	técses	Utah	iú-ta
Vermont	vermán-t	Virginia	vir-llí-nía	Washington	uá-shínton
West Virginia	ués-t vir-llí-nía	Wisconsin	uís-cánsin	Wyoming	uái-óuming

En adición a los 50 estados de la Unión, los Estados Unidos tienen jurisdicción federal también sobre el Estado Libre Asociado de **Puerto Rico**, *puerto ricou*, y sobre los territorios de las **U.S. Virgin Islands**, *iú es vérllin áislen-ds* (Islas Vírgenes de Estados Unidos) y la isla **Guam**, *uám*.

Días festivos en Estados Unidos

En nuestros países hispanos, tenemos más días feriados que en Estados Unidos porque, en la mayoría, celebramos días relacionados a nuestras respectivas guerras civiles, de independencia o por otra razón, o más bien, porque el día es una fiesta religiosa que no tiene relevancia para los estadounidenses. Por ejemplo, celebramos el día de los Tres Reyes Magos o el día de Corpus Christi, que es un día primordialmente católico, religión que no es mayoritaria en este país.

Otra característica de los días festivos en Estados Unidos es que, aunque se celebran, la gran mayoría de ellos se trabaja como cualquier otro día, y la vida diaria continúa igual para todos.

Christmas Day	kríz-mas déi	Día de Navidad (a veces abreviado a **Xmas**) 25 de diciembre
New Year's Day	niú llíar-s déi	Día de Año Nuevo 1ro. de enero
Martin Luther King	márdin lúder kín-g	Día del nacimiento de Martin Luther King (tercer lunes de enero)
Presidents' Day	présiden-ts déi	Día de los Presidentes (Lincoln y Washington) (tercer lunes de febrero)
Memorial Day	memórial déi	Día de la Recordación (los caídos en guerras) (último lunes de mayo)
Independence Day	indapén-danz déi	Día de la Independencia (de Gran Bretaña) 4 de julio

Labor Day	*léibor déi*	Día del Trabajo (primer lunes de septiembre)
Columbus Day	*cálombus déi*	Día de Cristóbal Colón (o del Descubrimiento) (segundo lunes de octubre)
Veterans' Day	*veterán-s déi*	Día del Veterano 11 de noviembre
Thanksgiving Day	*zánks-guívin-g déi*	Día de Acción de Gracias (último jueves de noviembre)

Detalles de estas fiestas

Al igual que en muchos de nuestros países, si un día festivo cae un domingo, se celebra el lunes siguiente, y si cae un sábado, se celebra el viernes antes. Esto es así, en la mayoría de los estados. La realidad es que el país no tiene días de fiesta nacional y cada estado tiene la libertad de observarlos o no. El gobierno federal, es decir, el gobierno central en la ciudad de Washington, D.C., celebra los días arriba señalados como días de fiesta federal, no nacional.

Lo primero que salta a la vista para nosotros es que en Estados Unidos no se observa el Día de los Tres Reyes Magos (6 de enero), tan importante para muchos de nuestros países. La razón es igual a la del día de Corpus Christi. Es una celebración básicamente católica. La otra nota curiosa es el **Labor Day**, *léibor déi*. Prácticamente en el resto del mundo, el Día del Trabajo se celebra el 1ro. de mayo. En Estados Unidos se celebra en septiembre, porque cuando fue a instituirse, el Congreso estadounidense determinó que la fecha de 1ro. de mayo era una de raíces socialistas, justo en el momento que Estados Unidos vivía una época de profundo anticomunismo y, por ello, escogió otro día.

En Navidad, los hispanos estamos acostumbrados a celebrarla con una cena la noche del 24 de diciembre (*Nochebuena* para muchos). Los estadounidenses la celebran con un almuerzo el día 25 de diciembre.

Lamentablemente, según han pasado los años, la temporada navideña se ha sobrecomercializado en Estados Unidos. Inclusive, recientemente, se ha iniciado una sutil campaña para descristianizar la Navidad. Cada vez, es más frecuente encontrar que la frase usada en la publicidad de las grandes tiendas es **Happy Holidays** (*jápi jáli-déis*), que significa "Felices Fiestas", en lugar del anterior y tradicional **Merry Christmas** (*mérri crís-mas*), "Feliz Navidad". Esto se debe a la proliferación de grupos antireligiosos que desean que el país borre o elimine todo vestigio de fe cristiana de su imagen pública.

Nos corresponde a nosotros, los cristianos, defender esta fecha como lo que es en realidad: primero que nada, una celebración del glorioso nacimiento de nuestro Salvador y no una temporada de mayores ventas para los comercios; y después, que sea identificada como tal.

Por eso, si en algún momento ve un letrerito en un auto o un afiche que diga:

Jesus is the reason for the season
Llí-sus is da rí-son for da sí-son
Jesús es la razón de (esta) temporada

...apláudalo. Está diciendo que la única razón por la cual existe la Navidad es por Jesús, quien vino al mundo para cambiar la Historia.

EJERCICIO: CONOZCAMOS LOS ESTADOS UNIDOS DE AMÉRICA

Este ejercicio es idéntico al anterior sobre las consonantes. Escriba a la derecha de cada palabra el significado en español y pronúnciela en inglés varias veces. Si tiene alguna duda sobre ellas, todas han sido usadas en la lección anterior sobre los Estados Unidos de América. Búsquelas, estudie el significado de cada una y vuelva a pronunciarlas varias veces. Es un ejercicio corto, pero el propósito es la repetición y práctica de cada palabra.

American_____   State_____
County _____   City_____
Town _____   Borough_____
New _____   North_____
South_____   Christmas_____
Year _____   President_____
Independence_____   Labor_____
Veteran _____   Happy_____
Holiday _____   Merry_____

Capítulo 6

LOS VERBOS

Dios el Señor plantó un jardín al oriente del Edén,
y allí puso al hombre que había formado.
—Génesis 2:8

Now the Lord God had planted a garden in the east, in Eden;
and there he put the man he had formed.
—Genesis 2:8

En inglés, al igual que en español, los verbos se usan para expresar acciones, estados de ánimo o sentimientos del sujeto. Si usted se fija en el breve versículo de la Palabra de Dios que precede este capítulo, Génesis 2:8, no sólo hay un verbo, sino tres: *plantó, puso y formado*. Si no tuviéramos verbos, nada podríamos expresar. Cada idioma gira alrededor de sus verbos.

El *Diccionario de la Real Academia Española*, en su 22ª edición, contiene 11, 961 entradas de verbos en castellano. El idioma inglés es mucho más simple, con un inventario de unos 5,000 verbos.

Para su tranquilidad, la realidad es que con unos 17 ó 18 verbos indispensables bien estudiados, se habla un buen inglés básico, que es el objetivo de este libro.

Las palabras clave aquí son "bien estudiados". El lector deberá aprender y memorizar estos verbos con la misma aplicación con que una vez aprendió las tablas de matemáticas en su niñez. Pero, ¿no es algo tranquilizante saber que con tan pocos verbos se dominará este idioma?

El auxiliar *To*

Para nombrar o identificar el nombre de un verbo, este debe ser precedido por la palabra auxiliar **"To"** *(tu)* . En inglés no decimos: **"Do you know the verb *jump*?"**, *du llú-u nóu da ver-b 'llóm-p'?* (¿conoces el verbo saltar?). La correcta forma de decirlo es: **"Do you know the verb *to jump*?"**.

Este auxiliar **"to"** es lo que convierte en verbo (modo infinitivo) cualquier otra palabra inglesa.

Ejemplos:

Si a **make** *méik* (haz)
...le añade el auxiliar **to** *(tu)*,
...**to make** *tu méik*
... crea el verbo "hacer"
... convirtió "haz" en "hacer"

Give	*(guíf)*	da, entrega	**To give**	*(tu guíf)* (verbo)	dar, entregar
Go	*(góu)*	ve	**To go**	*(tu góu)* (verbo)	ir

En inglés, el verbo por sí solo no le dice a usted el sexo o género de la persona que realiza la acción ni la cantidad envuelta. Eso hace necesario que siempre use el sujeto, nombre o pronombre personal.

La única excepción a lo anterior es si el pronombre iba a ser un **"you"** (tú o usted). En ese caso, puede omitir el pronombre y usar solamente la palabra del verbo.

Ejemplo:

Give this to Teresita .... *(Gif dis tu Teresita)* .... Entrega esto a Teresita

Cuando se entiende que le hablan a usted **(you)** y hubiera sido: **"You give this to Teresita"**, no es necesario incluir el **"you"**.

Para crear el tiempo presente

Para crear el **tiempo presente** de cualquier verbo en inglés sólo hay que sustituir la palabra auxiliar **"To"** por el pronombre personal (**I, You, He, She, It, We, They**) que necesita para formar la frase u oración, identificando *quién* está realizando la *acción* del verbo.

To make	*tu méik*	Hacer	**I make**	*ái méik*	Yo hago
To give	*tu guíf*	Dar	**You give**	*llú-u guíf*	Tú das
To go	*tu góu*	Ir	**We go**	*uí góu*	Nosotros vamos

Los verbos "to have" y "to be"

To have	*tu jáv*	tener o haber
To be	*tu bí*	ser o estar

Estos son los dos verbos irregulares más importantes del idioma inglés. Usted recordará que los verbos irregulares son aquellos donde la forma del verbo cambia según la persona. En los verbos regulares, la palabra del verbo prácticamente no cambia, excepto para añadirle la terminación del plural.

TO HAVE	*tu jáv*	tener o haber	TO BE	*tu bí*	estar o ser
I have	*ái jáv*	Yo tengo	I am	*ái am*	Yo estoy – Yo soy
You have	*llú-u jáv*	Tú tienes	You are	*llú-u ar*	Tú estás – Tú eres
He has	*jí jás*	Él tiene	He is	*jí is*	Él está – Él es
She has	*s-chí jás*	Ella tiene	She is	*s-chí is*	Ella está – Ella es
It has	*it jás*	(neutro) tiene	It is	*it is*	( ) está – ( ) es
We have	*uí jáv*	Nosotros tenemos	We are	*uí ar*	Nosotros estamos – Nosotros somos
You have	*llú-u jáv*	Ustedes tienen	You are	*llú-u ar*	Ustedes están
They have	*déi jáv*	Ellos tienen	They are	*déi ar*	Ellos están

Como **"to have"** y **"to be"** son verbos irregulares, que cambian según la persona, a la vez que cada uno tiene más de un significado en castellano, hemos dejado para el siguiente capítulo el estudiarlos más a fondo, y dada la importancia que tienen.

El capítulo que sigue a continuación es el más largo de este libro, porque es el que trata sobre los verbos fundamentales. Contiene algunos verbos básicos que usted debe memorizar para poder hablar un buen inglés.

Le recomiendo que estudie dicha lección con detenimiento. Dedique todo un día a aprender cada verbo. No hay prisa. Un verbo distinto cada día. Repítalo y repítalo en su mente y en voz alta, y verá con qué rapidez estará usted hablando inglés.

Capítulo 7

VERBOS FUNDAMENTALES

*Se parece a un hombre que, al construir una casa, cavó bien hondo
y puso el cimiento sobre la roca. De manera que cuando vino una
inundación, el torrente azotó aquella casa, pero no pudo ni siquiera
hacerla tambalear porque estaba bien construida.*

—Lucas 6:48

*He is like a man building a house, who dug down deep and laid the
foundation on rock. When a flood came, the torrent struck that house
but could not shake it, because it was well built.*

—Luke 6:48

Los verbos fundamentales que usted va a estudiar a continuación son
los cimientos del idioma inglés. Al igual que los cimientos de la casa
que nos explica Lucas en el versículo arriba, usted debe poner este
cimiento sobre la dura roca de la perseverancia en su estudio diario,
para que su aprendizaje no tambalee.

¿Recuerda usted las personas (los pronombres Yo, Tú, Él, Nosotros, etc.) de la conjugación de nuestros verbos españoles? En inglés se
llaman:

I	*ái*	Yo
You	*llú-u*	Tú / Usted
He	*jí*	Él
She	*s-chí*	Ella
It	*it*	(Neutro) Se refiere a cosas o animales sin sexo determinado
We	*uí*	Nosotros
You	*llú-u*	Ustedes
They	*déi*	Ellos

El tiempo presente

En el **tiempo presente** de un verbo básico regular, con muy raras
excepciones, el único cambio que sufre el verbo de persona a persona,
es que en la **tercera persona** (tú, él o ello) o **you, he, it**, el verbo siempre lleva una "s" al final.

Ejemplo:

| I put the box in the table | *ái put da box in da téibol* | Yo pongo la caja en la mesa |
| Grizca puts the box in the table | *Grizca put-s da box in da téibol* | Grizca pone la caja en la mesa |

Si el verbo termina en **"o"**, se añade **"es"** al final, en lugar de sólo una **"s"**. Recuerde, esto es solamente en la tercera persona (**you, he** o **it**).

Ejemplo:

| I go | *ái góu* | Yo voy |

En tercera persona se escribe:

| He goes | *jí góus* | Él va |

El tiempo pasado. La terminación "-ed"

El **tiempo pasado** de un verbo básico regular se consigue, en la mayoría de los casos, añadiéndole la terminación **"ed"**. Si el verbo ya termina con la vocal **"e"**, simplemente se añade una **"d"**. Son bien fáciles de aprender, porque el verbo no cambia al pasar de persona a persona.

Ejemplos:

| PRESENTE: | I push the door | *ái push di dóar* | Yo empujo la puerta |
| PASADO: | I pushed the door | *ái push-d di dóar* | |

Yo empujé la puerta (Note que la "e" que va antes de la "d" no se pronuncia pero esa "d" final si debe ser bien pronunciada.)

| PRESENTE: | You offer him a job | *Llú-u ófer jím e jab* | Ofrécele un trabajo |
| PASADO: | You offered him a job | *Llú-u ofer-d jím e jab* | Le ofreciste un trabajo |

Otros verbos usan una palabra completamente diferente para su **tiempo pasado**. Son los llamados verbos irregulares, y necesitan que los memorice para poder aprenderlos. Así y todo, muchos de ellos tampoco cambian al pasar de persona a persona.

TIEMPO PRESENTE			TIEMPO PASADO		
		To go *(Tu góu)* Ir			
I go	*ái góu*	Yo voy	I went	*ái uén-t*	Yo fui
You go	*llú-u góu*	Tú vas/ Usted va	You went	*llú-u uén-t*	Tú fuiste/Usted fue
He goes	*jí góus*	Él va	He went	*jí ué-nt*	Él fue

She goes	s-chí góus	Ella va	She went	s-chí uén-t	Ella fue
It goes	it góus	( ) va	It went	it uén-t	( ) fue
We go	uí góu	Nosotros vamos	We went	uí uén-t	Nosotros fuimos
You go	llú-u góu	Ustedes van	You went	llú-u ué-nt	Ustedes fueron
They go	déi góu	Ellos van	They went	déi uén-t	Ellos fueron

Estudie bien los siguientes verbos fundamentales antes de continuar leyendo y estudiando el resto del libro.

TIEMPO PRESENTE			TIEMPO PASADO		
		To Pray (To préi) Orar			
I pray	ái préi	Yo oro	I prayed	ái préi-d	Yo oré
You pray	llú-u préi.	Tú oras/	You prayed	llú-u préi-d	Tú oraste/
		Usted ora			Usted oró
He prays	jí préis	Él ora	He prayed	jí préi-d	Él oró
She prays	s-chí préis	Ella ora	She prayed	s-chí préi-d	Ella oró
It (It se refiere a cosas, que no oran)			It (It se refiere a cosas, que no oran)		
We pray	uí préi	Nosotros oramos	We prayed	uí préi-d	Nosotros oramos
You pray	llú-u préi	Ustedes oran	You prayed	s-chí préi-d	Ustedes oraron
They pray	déi préi	Ellos oran	They prayed	déi préi-d	Ellos oraron

TIEMPO PRESENTE			TIEMPO PASADO		
		To Say (Tu séi) Decir			
I say	ái séi	Yo digo	I said	ái séd	Yo dije
You say	llú-u séi	Tú dices	You said	llú-u séd	Tú dijiste/
		Usted dice			Usted dijo
He says	jí sés	Él dice	He said	jí séd	Él dijo
She says	s-chí sés	Ella dice	She said	s-chí séd.	Ella dijo
It says	it sés	( ) dice	It said	it séd	( ) dijo
We say	uí séi	Nosotros decimos	We said	uí séd	Nosotros dijimos
You say	llú-u séi	Ustedes dicen	You said	llú-u séd	Ustedes dijeron
They say	déi séi	Ellos dicen	They said	déi séd	Ellos dijeron

To Give (To guív) Dar

(No se pronuncia la "u". Ese *"gui"* de guív o *"gué"* de guéiv – en el **tiempo pasado**– debe oirse como cuando usted dice "guitarra" o "guerra "en español)

I give	ái guív	Yo doy	I gave	ái guéiv	Yo di
You give	llú-u guív	Tú das	You gave	llú-u guéiv	Tú diste
		Usted da			Usted dio
He gives	jí guívs	Él da	He gave	jí guéiv	Él dio

She gives	*s-chí guívs*	Ella da	She gave	*s-chí guéiv*	Ella dio		
It gives	*ít guívs*	( ) da	It gave	*ít guéiv*	( ) dio		
We give	*uí guív*	Nosotros damos	We gave	*uí guéiv*	Nosotros dimos		
You give	*llú-u guív*	Ustedes dan	You gave	*llú-u guéiv*	Ustedes dieron		
They give	*déi guív*	Ellos dan	They gave	*déi guéiv*	Ellos dieron		

To Do (Tu dú) Hacer

I do	*ái dú*	Yo hago	I did	*ái did*	Yo hice
You do	*llú-u dú*	Tú haces	You did	*llú-u did*	Tú hiciste/
		Usted hace			Usted hizo
He does	*jí das*	Él hace	He did	*jí did*	Él hizo
She does	*s-chí das*	Ella hace	She did	*s-chí did*	Ella hizo
It does	*it das*	( ) hace	It did	*it did*	( ) hizo
We do	*uí dú*	Nosotros hacemos	We did	*uí did*	Nosotros hicimos
You do	*llú-u dú*	Ustedes hacen	You did	*llú-u did*	Ustedes hicieron
They do	*déi dú*	Ellos hacen	They did	*déi did*	Ellos hicieron

TIEMPO PRESENTE   TIEMPO PASADO

To Make (Tu méik) Hacer

I make	*ái méik*	Yo hago	I made	*ái méid*	Yo hice
You make	*llú-u méik*	Tú haces/Ud. hace	You made	*llú-u méid.*	Tú hiciste/Usted hizo
He makes	*jí méiks*	Él hace	He made	*jí méid*	Él hizo
She makes	*s-chí méiks*	Ella hace	She made	*s-chí méid*	Ella hizo
It makes	*it méiks*	( ) hace	It made	*it méid*	( ) hizo
We make	*uí méik*	Nosotros hacemos	We made	*uí méid*	Nosotros hicimos
You make	*llú-u méik*	Ustedes hacen	You made	*s-chí méid*	Ustedes hicieron
They make	*déi méik*	Ellos hacen	They made	*déi méid*	Ellos hicieron

"DO" y "MAKE" significan igualmente la palabra HACER. ¿Cuál debo usar?

Ciertamente ambos verbos ingleses tienen el mismo significado en español, aunque existen algunas pequeñas excepciones que se estudiarían en un curso más avanzado.

Sin embargo, hay una regla muy fácil de entender y seguir que le permitirá usar la palabra correcta en la oración correcta:

"Do" se usa cuando usted hace, hará o hizo algo intangible que no se nombra.

"Make" se usa cuando hace, hará o hizo algo material, físico o fabrica algo.

Ejemplos:

Ian will do that later	*ían uíl dú dat léirer*	Ian hará eso después
Lourdes is making a cake	*Lúrdes is méikin a kéik*	Lourdes está haciendo un bizcocho
They made a lot of noise	*déi méid e lot of nói-s*	Ellos hicieron mucho ruido
Please, do that for me	*plís, dú dat for mí*	Por favor, haz eso por mí
Make me a box	*méik mí a bóx*	Hazme una caja
Do what I say	*dú uát ái séi*	Haz lo que te digo

TIEMPO PRESENTE — TIEMPO PASADO

To get *(Tu guét)* Conseguir / obtener

(No pronuncie la "u". Ese *"gue"* de *guét* debe oirse como cuando dice "guerra" en español)

I get	*ái guét*	Yo consigo / obtengo	I got	*ái gát*	Yo conseguí o obtuve
You get	*llú-u guét*	Tú consigues	You got	*llú-u gát*	Tú conseguiste
He gets	*jí guéts*	Él consigue	He got	*jí gát*	Él consiguió
She gets	*s-chí guéts*	Ella consigue	She got	*s-chí gát*	Ella consiguió
It gets	*it guéts*	( ) consigue	It got	*ít gát*	( ) consiguió
We get	*uí guét*	Nosotros conseguimos	We got	*uí gát*	Nosotros conseguimos
You get	*llú-u guét*	Ustedes consiguen	You got	*s-chí gát*	Ustedes consiguieron
They get	*déi guét*	Ellos consiguen	They got	*déi gát*	Ellos consiguieron

Nota: En el *slang* popular hay muchas ocasiones en que el pasado ("**got**") de "**get**" se usa en sustitución de "**have**" (tener), en tiempo presente.

Ejemplo: En lugar de **I have a book** *(ái jáv e búk)* Yo tengo un libro
Usan el slang **I got a book** *(ái gát e búk)* Yo tengo un libro

Cabe señalar que en ese caso, "**got**" está mal usado y no es correcto usarlo para sustituir "**have**", pero es de uso tan común que no podemos dejar de incluirlo aquí, por si el lector lo oye alguna vez.

TIEMPO PRESENTE — TIEMPO PASADO

To come *(Tu cám)* Venir

I come	*ái cám*	Yo vengo	I came	*ái quéim*	Yo vine
You come	*llú-u cám*	Tú vienes	You came	*llú-quéim*	Tú viniste/
		Usted viene			Usted vino
He comes	*jí cáms*	Él viene	He came	*jí quéim*	Él vino
She comes	*s-chí cáms*	Ella viene	She came	*s-chí quéim*	Ella vino
It comes	*it cáms*	( ) viene	It came	*it quéim*	( ) vino
We come	*uí cám*	Nosotros venimos	We came	*uí quéim*	Nosotros vinimos

| You come | *llú-u cám* | Ustedes vienen | You came | *llú-u quéim* | Ustedes vinieron |
| They come | *déi cám* | Ellos vienen | They came | *déi quéim* | Ellos vinieron |

To need (*Tu níd*) Necesitar

I need	*ái níd*	Yo necesito	I needed	*ái nídid*	Yo necesitaba
You need	*llú-u níd*	Tú necesitas / Ud. necesita	You needed	*llú nídid*	Tú necesitabas/ Ud. necesita
He needs	*jí níds*	Él necesita	He needed	*jí nídid*	Él necesitaba
She needs	*s-chí níds*	Ella necesita	She needed	*s-chí nídid*	Ella necesitaba
It needs	*it níds*	( ) necesita	It needed	*it nídid*	( ) necesitaba
We need	*uí níd*	Nosotros necesitamos	We needed	*uí nídid*	Nosotros necesitábamos
You need	*llú-u níd*	Ustedes necesitan	You needed	*llú-u nídid*	Ustedes necesitaban
They need	*déi níd*	Ellos necesitan	They needed	*déi nídid*	Ellos necesitaban

TIEMPO PRESENTE   TIEMPO PASADO

To put (*Tu put*) Poner o colocar

I put	*ái put*	Yo pongo	I put	*ái put*	Yo puse
You put	*llú-u put*	Tú pones / Ud. pone	You put	*llú-u put*	Tú pusiste / Ud. puso
He puts	*jí puts*	Él pone	He put	*jí put*	Él puso
She puts	*s-chí puts*	Ella pone	She put	*s-chí*	Ella puso
It puts	*it puts*	( ) pone	It put	*it put*	( ) puso
We put	*uí put*	Nosotros ponemos	We put	*uí put*	Nosotros pusimos
You put	*llú-u put*	Ustedes ponen	You put	*llú-u put*	Ustedes pusieron
They put	*déi put*	Ellos ponen	They put	*déi put*	Ellos pusieron

To take (*Tu téik*) Tomar o coger

I take	*ái téik*	Yo tomo / Yo cojo	I took	*ái tuk*	Yo tomé / Yo cogí
You take	*llú-u téik*	Tú tomas/ Ud.toma	You took	*llú-u tuk*	Tú tomaste /Ud.tomó
He takes	*jí téiks*	Él toma	He took	*jí tuk*	Él tomó
She takes	*s-chí téiks*	Ella toma	She took	*s-chí tuk*	Ella tomó
It takes	*it téiks*	( ) toma	It took	*it tuk*	( ) tomó
We take	*uí téik*	Nosotros tomamos	We took	*uí tuk*	Nosotros tomamos
You take	*llú-u téik*	Ustedes toman	You took	*llú-u tuk*	Ustedes tomaron
They take	*déi téik*	Ellos toman	They took	*déi tuk*	Ellos tomaron

To push (*Tu pú-sh*) Empujar

I push	*ái pú-sh*	Yo empujo	I pushed	*ái púsh-t*	Yo empujé
You push	*llú-u pú-sh*	Tú empujas /Ud. empuja	You pushed	*llú-u púsh-t*	Tú empujaste /Ud. empujó

He pushes	*jí púshe-s*	Él empuja	He pushed	*jí púsh-t*	Él empujó
She pushes	*s-chí púshe-s*	Ella empuja	She pushed	*s-chí púsh-t*	Ella empujó
It pushes	*it púshe-s*	( ) empuja	It pushed	*it púsh-t*	( ) empujó
We push	*uí pú-sh*	Nosotros empujamos	We pushed	*uí púsh-t*	Nosotros empujamos
You push	*llú-u pú-sh*	Ustedes empujan	You pushed	*llú-u púsh-t*	Ustedes empujaron
They push	*déi pú-sh*	Ellos empujan	They pushed	*déi púsh-t*	Ellos empujaron

To see (Tu sí-i)) Ver

I see	*ái sí-i*	Yo veo	I saw	*ái só-o*	Yo vi
You see	*llú- u sí-i*	Tú ves / Ud.ve	You saw	*llú-u só-o*	Tú viste / Ud.vio
He sees	*jí sís*	Él ve	He saw	*jí só-o*	Él vio
She sees	*s-chí sís*	Ella ve	She saw	*s-chí só-o*	Ella vio
It sees	*it sís*	( ) ve	It saw	*it só-o*	( ) vio
We see	*uí sí-i*	Nosotros vemos	We saw	*uí só-o*	Nosotros vimos
You see	*llú-u sí-i*	Ustedes ven	You saw	*llú-u só-o*	Ustedes vieron
They see	*déi sí-i*	Ellos ven	They saw	*déi só-o*	Ellos vieron

TIEMPO PRESENTE   TIEMPO PASADO

To let (Tu let) Dejar o permitir

I let	*ái let*	Yo dejo/permito	I let	*ái let*	Yo dejé/permití
You let	*llú-u let*	Tú dejas / Ud.deja	You let	*llú-u let*	Tú dejaste / Uds. dejaron
He lets	*jí let-s*	Él deja	He let	*jí let*	Él dejó
She lets	*s-chí let-s*	Ella deja	She let	*s-chí let*	Ella dejó
It lets	*it let-s*	( ) deja	It let	*it let*	( ) dejó
We let	*uí let*	Nosotros dejamos	We let	*uí let*	Nosotros dejamos
You let	*llú-u let*	Ustedes dejan	You let	*llú-u let*	Ustedes dejaron
They let	*déi let*	Ellos dejan	They let	*déi let*	Ellos dejaron

To send (Tu sén-d) Enviar

I send	*ái sen-d*	Yo envío	I sent	*ái sen-t*	Yo envié
You send	*llú-u sen-d*	Tú envías/Ud. envía	You sent	*llú-u sen-t*	Tú enviaste
He sends	*jí sen-ds*	Él envía	He sent	*jí sen-t*	Él envió
She sends	*s-chí sen-ds*	Ella envía	She sent	*s-chí sen-t*	Ella envió
It sends	*jí sen-ds*	( ) envía	It sent	*jí sen-t*	( ) envió
We send	*uí sen-d*	Nosotros enviamos	We sent	*uí sen-t*	Nosotros enviamos
You send	*llú-u sen-d*	Ustedes envían	You sent	*llú-u sen-t*	Ustedes enviaron
They send	*déi sen-d*	Ellos envían	They sent	*déi sen-t*	Ellos enviaron

To keep *(Tu quíp)* Guardar o mantener

(La *"quí"* de *"quíp"* debe sonar como en *"quizás"* o como *"kíp"*)

I keep	*ái quíp*	Yo guardo o mantengo	I kept	*ái quép-t*	Yo guardé/ mantuve
You keep	*llú-u quíp*	Tú guardas/mantienes	You kept	*llú-u quép-t*	Tú guardaste
He keeps	*jí quíps*	Él guarda	He kept	*jí quép-t*	Él guardó
She keeps	*s-chí quíps*	Ella guarda	She kept	*s-chí quép-t*	Ella guardó
It keeps	*it quíps*	( ) guarda	It kept	*it quép-t*	( ) guardó
We keep	*uí quíp*	Nosotros guardamos	We kept	*uí quép-t*	Nosotros guardamos
You keep	*llú-u quíp*	Ustedes guardan	You kept	*llú-u quép-t*	Ustedes guardaron
They keep	*déi quíp*	Ellos guardan	They kept	*déi quép-t*	Ellos guardaron

To seem *(Tu sí-im)* Parecer

I seem	*ái sí-im*	Yo parezco	I seemed	*ái sí-im-d*	Yo parecí
You seem	*llú-u sí-im*	Tú pareces	You seemed	*llú-u sí-im-d*	Tú pareciste
He seems	*jí sí-ims*	Él parece	He seemed	*jí sí-im-d*	Él pareció
She seems	*s-chí sí-ims*	Ella parece	She seemd	*s-chí sí-im-d*	Ella pareció
It seems	*it sí-ims*	( ) parece	It seemed	*it sí-im-d*	( ) pareció
We seem	*uí sí-im*	Nosotros parecemos	We seemed	*uí sí-im-d*	Nosotros parecimos
You seem	*llú-u sí-im*	Ustedes parecen	You seemed	*llú-u sí-im-d*	Ustedes parecieron
They seem	*déi sí-im*	Ellos parecen	They seemed	*déi sí-im-d*	Ellos parecieron

TIEMPO PRESENTE   **TIEMPO PASADO**

To want *(tu uánt)* Querer, desear

(Este *"querer"* significa desear algo; no significa *"amar"*)

I want	*ái uán-t*	Yo quiero	I wanted	*ái uánte-d*	Yo quería
You want	*llú-u uán-t*	Tú quieres /Ud. quiere	You wanted	*llú-u uánte-d*	Tú quisiste /Ud. quiso
He wants	*jí uánt-s*	Él quiere	He wanted	*jí uánte-d*	Él quería
She wants	*s-chí uánt-s*	Ella quiere	She wanted	*s-chí uánte-d*	Ella quería
It wants	*it uánt-s*	( ) quiere	It wanted	*it uánte-d*	( ) quería
We want	*uí uán-t*	Nosotros queremos	We wanted	*uí uánte-d*	Nosotros queríamos
You want	*llú-u uán-t*	Ustedes quieren	You wanted	*llú-u uánte-d*	Ustedes querían
They want	*déi uán-t*	Ellos quieren	They wanted	*déi uánte-d*	Ellos querían

Aclaremos la pronunciación de "-ed" en el tiempo pasado

Si el lector es curioso, debe haberse dado cuenta, al estudiar los verbos fundamentales, que aquellos que son verbos regulares, donde su *tiempo pasado* siempre se escribe añadiendo **"-ed"**, la pronunciación que hemos descrito para ellos, a veces se pronuncia con una *"d"*, a veces como una *"t"*, y a veces como *"id"*.

Repasemos: Si el verbo es *irregular*, no hay nada que hacer, el lector deberá aprender de memoria cuál es el tiempo pasado y cómo se pronuncia. Cada caso es diferente.

Si el verbo es *regular*, en ese caso, su tiempo pasado se forma añadiendo **"-ed"** al tiempo presente. Hasta aquí todo bien, ya hemos enseñado eso.

Pero las *tres pronunciaciones diferentes* de ese **"-ed"** (*"d"*, *"t"* o *"id"*) dependen de las letras con las que termina el verbo en su tiempo presente, es decir, en su forma básica. Hay tres reglas para esto.

1) Si en tiempo presente, el verbo regular básico termina con una **t** o una **d**, la **-ed** final de su tiempo pasado se pronuncia *"id"*.

   Ejemplo:
   I need *ái níd* Yo necesito / **I needed** *ái nídid* Yo necesitaba

2) Si en tiempo presente, el verbo regular básico termina con cualquiera de estasletras: **ch, f, k, p, s, sh** o **th**, la **"-ed"** final del tiempo pasado se pronuncia *"t"*

   Ejemplo:
   I push *ái pú-sh* Yo empujo / **I pushed** *ái púsh-t* Yo empujé

3) Si en tiempo presente, el verbo regular básico termina en una vocal o en cualquier otra letra que no esté en las dos primeras reglas, la **"-ed"** de su tiempo pasado se pronuncia *"d"* .

   Ejemplo:
   I pray *ái préi* Yo oro / **I prayed** *ái préi-d* Yo oré

"TO BE" y "TO HAVE"

Hemos dejado para el final los verbos irregulares **"to have"** (tener o haber) y **"to be"** (ser o estar), no sólo porque tienen dos significados cada uno, lo que los hace un poquito más complicados, sino porque son, junto a **"to do"**, los verbos más usados en el idioma inglés.

De estos dos, posiblemente **"to have"** sea el más importante. Con él, como auxiliar, se forman la mayoría de los tiempos compuestos. No es posible dominar bien el inglés si no se domina bien este importante verbo.

Esto no debe de asustarle. En español, los verbos *tener* y *haber* tienen cientos de palabras diferentes que deben usarse todas al conjugarlos en sus diferentes tiempos. **"To have"**, sin embargo, sólo tiene tres palabras que aprender, las cuales se usan en todos sus tiempos.

Ellas son **have** (*jáv*), **has** (*jás*) y **had** (*jád*). Así que 'complicado' no tiene por qué interpretarse como 'difícil', sino todo lo contrario. Sólo tiene usted que poner un poco más de atención a este verbo en particular para entenderlo, memorizarlo y aprenderlo.

Veámoslo tal como hemos visto los anteriores.

TIEMPO PRESENTE   TIEMPO PASADO

To have (Tu jáv) (como tener)

I have	*ái jáv*	Yo tengo	I had	*ái jád*	Yo tenía
You have	*llú-u jáv*	Tú tienes/Ud. tiene	You had	*llú-u jád*	Tú tenías/Ud. tenía
He has	*jí jás*	Él tiene	He had	*jí jád*	Él tenía
She has	*s-chí jás*	Ella tiene	She had	*s-chí jád*	Ella tenía
It has	*it jás*	( ) tiene	It had	*it jád*	( ) tenía
We have	*uí jáv*	Nosotros tenemos	We had	*uí jád*	Nosotros teníamos
You have	*llú-u jáv*	Ustedes tienen	You had	*llú-u jád*	Ustedes tenían
They have	*déi jáv*	Ellos tienen	They had	*déi jád*	Ellos tenían

To have (Tu jáv) (como haber)

I have	*ái jáv*	Yo he	I had	*ái jád*	Yo había / Yo hube
You have	*llú-u jáv*	Tú has/Ud. ha	You had	*llú-u jád*	Tú habías/Ud. había
He has	*jí jás*	Él ha	He had	*jí jád*	Él había / Él hubo
She has	*s-chí jás*	Ella ha	She had	*s-chí jád*	Ella había / hubo
It has	*it jás*	( ) ha	It had	*it jád*	( ) había / hubo
We have	*uí jáv*	Nosotros hemos	We had	*uí jád*	Nosotros habíamos/hubimos
You have	*llú-u jáv*	Ustedes han	You had	*llú-u jád*	Ustedes habían/hubieron
They have	*déi jáv*	Ellos han	They had	*déi jád*	Ellos habían/hubieron

EL TIEMPO FUTURO DE "TO HAVE"

Para la mayoría de los verbos, el **tiempo futuro** se consigue añadiendo el verbo auxiliar **"will"** (que también es el verbo **"to be"** en futuro), *antes* del verbo principal. (Ver verbo **"to be"** que sigue a continuación de **"have"**.)

WILL HAVE / Tendré o habré

I will have	*ái uíl jáv*	Yo tendré o habré
You will have	*llú-u uíl jáv*	Tú tendrás o habrás /
Usted tendrá o habrá		
He will have	*jí uíl jáv*	Él tendrá o habrá
She will have	*s-chí uíl jáv*	Ella tendrá o habrá
It will have	*it uíl jáv*	( ) tendrá o habrá
We will have	*uí uíl jáv*	Nosotros tendremos o habremos
You will have	*llú-u uíl jáv*	Ustedes tendrán o habrán
They will have	*déi uíl jáv*	Ellos tendrán o habrán

WOULD HAVE / Tendría o habría
("Would" es el pasado de "will")

I would have	*ái wúd jáv*	Yo tendría o habría
You would have	*llú-u wúd jáv*	Tú tendrías o habrías /
		Usted tendría o habría
He would have	*jí wúd jáv*	Él tendría o habría
She would have	*s-chí wúd jáv*	Ella tendría o habría
It would have	*it wúd jáv*	( ) tendría o habría
We would have	*uí wúd jáv*	Nosotros tendríamos o habríamos
You would have	*llú-u wúd jáv*	Ustedes tendrían o habrían
They would have	*déi wúd jáv*	Ellos tendrían o habrían

"MAY HAVE" y "MIGHT HAVE"

May (*méi*) es una palabra auxiliar que se antepone a los verbos para indicar que existe la "posibilidad" de hacer lo que el verbo indica.

I may go	*ái méi góu*	Puede que yo vaya

Might (*máit*) es una palabra auxiliar que se antepone a los verbos para indicar que existe una "posibilidad condicionada" de hacer lo que el verbo indica.

I might go	*ái máit góu*	Yo podría ir

Al ponerlas como auxiliar de **"have"** indican la "posibilidad" o la "posibilidad condicionada" de tener o haber algo.

MAY HAVE / Puedo tener o haber

I may have	*ái méi jav*	Yo puedo tener o puedo haber
You may have	*llú-u méi jav*	Tú puedes tener/haber - Usted puede tener/haber
He may have	*jí méi jav*	Él puede tener o puede haber
She may have	*s-chí méi jav*	Ella puede tener o puede haber
It may have	*it méi jav*	( ) puede tener o puede haber
We may have	*uí méi jav*	Nosotros podemos tener o podemos haber
You may have	*llú-u méi jav*	Ustedes pueden tener o pueden haber
They may jav	*déi méi jav*	Ellos puede tener o pueden tener

MIGHT HAVE / Podría tener o haber

I might have	*ái máit jav*	Yo podría tener o podría haber
You might have	*llú-u máit jav*	Tú podrías tener/haber - Usted podría tener/haber
He might have	*jí máit jav*	Él podría tener o podría haber
She might have	*s-chí máit jav*	Ella podría tener o podría haber
It might have	*it máit jav*	( ) podría tener o podría haber
We might have	*uí máit jav*	Nosotros podríamos tener o podríamos haber
You might have	*llú-u máit jav*	Ustedes podrían tener o podrían haber
They might jav	*déi máit jav*	Ellos podrían tener o podrían tener

Cuándo usar MIGHT y cuando usar MAY

Para decidir si una "posibilidad" es "condicionada" y usar **"might"** en vez de **"may"**, deberá buscarse en el contexto de la frase u oración si la palabra "si" ("if" en inglés) cabría en el texto de ser necesario, aunque no esté ahora. Para entender mejor este concepto, mire la primera frase en la conjugación de **"might have"** (en la primera persona "I"), que aparece más arriba y que aquí repetimos:

Joe might have	*Llóu máit jáv*	Joe podría tener

Añadamos algo que él podría tener. Digamos, una casa, para tener una oración mas completa.

Joe might have a house	*Llóu máit jáv e jáu-s*	Joe podría tener una casa

De inmediato se nota que la palabra "si" ("if") es necesaria, si queremos extender más la oración, pues "si" es la palabra que nos conectaría con la "condición" que falta.

Ejemplo: Joe podría tener una casa, <u>si</u> ...él ahorra dinero.

Joe might have a house, <u>if</u> he saves money...
Joe máit jáv e jáu-s, if jí séiv-s móni

TIEMPO PRESENTE			TIEMPO PASADO		

To be *Tu bí* (como *Ser*)

I am	*ái am*	Yo soy	I was	*ái uós.*	Yo era o fui
You are	*llú-u ár*	Tú eres / Ud. es	You were	*llú-u uéar*	Tú eras / Ud. era
He is	*jí is*	Él es	He was	*jí uós*	Él era o fue
She is	*s-chí is.*	Ella es	She was	*s-chí uós*	Ella era o fue
It is	*it is*	( ) es	It was	*it uós*	( ) es o fue
We are	*uí ár*	Nosotros somos	We were	*uí uéar*	Nosotros eramos / fuimos
You are	*llú-u ár*	Ustedes son	You were	*llú-u uéar*	Ustedes eran / fueron
They are	*déi ár*	Ellos son	They were	*déi uéar*	Ellos eran / fueron

To be *Tu bí* (como *Estar*)

I am	*ái am*	Yo estoy	I was	*ái uós*	Yo estaba o estuve
You are	*llú-u ár*	Tú estás / Ud. está	You were	*llú-u uéar*	Tú estabas / Ud. estaba
He is	*jí is*	Él está	He was	*jí uós*	Él estaba o estuvo
She is	*s-chí is*	Ella está	She was	*s-chí uós*	Ella estaba o estuvo

It is	*it is*	( ) está	It was	*it uós*	( ) estaba o estuvo
We are	*uí ár*	Nosotros estamos	We were	*uí uéar*	Nosotros estábamos / fuimos
You are	*llú-u ár*	Ustedes están	You were	*llú-u uéar*	Ustedes estaban / estuvieron
They are	*déi ár*	Ellos están	They were	*déi uéar*	Ellos estaban / estuvieron

EL TIEMPO FUTURO DE "TO BE"

Al igual que con **HAVE**, sólo tenemos que añadir el auxiliar **"will"**.

WILL BE

I will be	*ái uíl bi*	Yo seré o estaré
You will be	*llú-u uíl bi*	Tú serás o estarás / Ud. será o estará
He will be	*jí uíl bi*	Él será o estará
She will be	*s-chí uíl bi*	Ella será o estará
It will be	*it uíl bi*	( ) será o estará
We will be	*uí uíl bi*	Nosotros seremos o estaremos
You will be	*llú-u uíl bi*	Ustedes serán o estarán
They will be	*déi uíl bi*	Ellos serán o estarán

WOULD BE (*Would* es el pasado de *will*)

I would be	*ái wúd bi*	Yo sería o estaría
You would be	*llú-u wúd bi*	Tú serías o estarías / Ud. sería o estaría
He would be	*jí wúd bi*	Él sería o estaría
She would be	*s-chí wúd bi*	Ella sería o estaría
It would be	*it wúd bi*	( ) sería o estaría
We would be	*uí wúd bi*	Nosotros seríamos o estaríamos
You would be	*llú-u wud bi*	Ustedes serían o estarían
They would be	*déi wúd bi*	Ellos serían o estarían

"MAY BE" y "MIGHT BE"

Al igual que con **"may have"** y **"might have"**, los auxiliares **"may"** y **"might"**, usados antes de **BE** indican la "posibilidad" de que algo "suceda" en el futuro, con la peculiaridad que **"might** es una "posibilidad condicionada" a que suceda algo más, que puede o no puede estar en la oración, y **"may"** es sólo una posibilidad.

MAY BE

I may be	*ái méi bi*	Yo puedo ser o puedo estar
You may be	*llú-u méi bi*	Tú puedes ser o estar / Ud. puede ser o estar
He may be	*jí méi bi*	Él puede ser o puede estar
She may be	*s-chí méi bi*	Ella puede ser o puede estar
It may be	*it méi bi*	( ) puede ser o estar
We may be	*uí méi bi*	Nosotros podemos ser o podemos estar
You may be	*llú-u méi bi*	Ustedes pueden ser o pueden estar
They may be	*déi méi bi*	Ellos pueden ser o pueden estar

MIGHT BE

I might be	*ái máit bi*	Yo podría ser o podría estar
You might be	*llú-u máit bi*	Tú podrías ser o estar / Ud. podría ser o estar
He might be	*jí máit bi*	Él podría ser o podría estar
She might be	*s-chí máit bi*	Ella podría ser o podría estar
It might be	*it máit bi*	( ) podría ser o estar
We might be	*uí máit bi*	Nosotros podríamos ser o estar
You might be	*llú-u máit bi*	Ustedes podrían ser o podrían estar
They might be	*déi máit bi*	Ellos podrían ser o podrían estar

EJERCICIO: LOS VERBOS FUNDAMENTALES

I. Repita aquí el mismo tipo de ejercicio que ha venido realizando en los capítulos anteriores. A la derecha de cada palabra en inglés, escriba su significado en español y repita varias veces cada palabra...en inglés.

Give_____

Go_____

Box_____

Push_____

Offer_____

Pray_____

Cake_____

Get_____

Come_____

See_____

Keep_____

Need_____

Money_____

Make_____

Put_____

Table_____

Door_____

Job_____

Later_____

Noise_____

Book_____

Take_____

Send_____

Seem_____

House_____

II. En las palabras que aparecen arriba, hay varias que son verbos y otras son nombres. En la lección sobre los verbos, usted aprendió que para formar el verbo, debe añadirse la palabra auxiliar "to" antes de la palabra. Escriba en este espacio provisto los verbos en la lista de arriba que usted entiende deben tener el auxiliar "to".

Capítulo 8

CÓMO ESTUDIAR LOS VERBOS

Le dijeron: "Te rogamos que consultes a Dios para que sepamos si vamos a tener éxito en nuestro viaje.
—Jueces 18:5

Then they said to him, "Please inquire of God to learn whether our journey will be successful.
—Judges 18:5

Si ha llegado hasta aquí, debe haber estudiado los verbos fundamentales del capítulo anterior. Debe también haber leído, en muchas partes de este libro, que el secreto para aprender inglés con rapidez es practicar, practicar y practicar. Esto es algo que no me canso de repetir, repetir y repetir.

Debe, también, estar contento o contenta que con sólo estudiar a fondo esos verbos logrará hablar un buen inglés básico, sin necesidad de memorizar las formas y tiempos de los casi 5,000 verbos ingleses.

Para estudiar con profundidad los verbos fundamentales y poder conjugarlos debidamente, sólo tiene que aprender y memorizar tres tiempos de dichos verbos: presente, pasado y participio pasado.

En las escuelas oficiales de inglés nos obligaban a repetir esos tres tiempos de cada verbo, como si fueran un verso, hasta que los lográbamos memorizar. Por ejemplo, el verbo **To see** (ver). Repetido como "verso" sería: **See** *(si)*, **saw** *(só)*, **seen** *(si-ín)*...**see, saw, seen**...**see, saw, seen**...Ver, vio, viendo...ver, vio, viendo.

Esta es la mejor manera de estudiar los verbos del idioma inglés. Para su mejor práctica, aquí le recordamos los verbos fundamentales en sus tres tiempos, por orden alfabético. Ya conoce su presente y pasado, y aquí aprenderá su participio pasado. Ahora, a repetirlos...

PRESENTE	PASADO	PARTICIPIO PASADO	
Be	Was	Been	*bí-in*
Do	Did	Done	*dóu-n*
Come	Came	Come	*cóm*
Give	Gave	Given	*guíve-n*

Get	Got	Got	*gat*
Go	Went	Gone	*góun*
Have	Had	Had	*jad*
Keep	Kept	Kept	*kép-t*
Let	Let	Let	*let*
Make	Made	Made	*méi-d*
Push	Pushed	Pushed	*push-d*
Put	Put	Put	*put*
Pray	Prayed	Prayed	*préi-ed*
Say	Said	Said	*sed*
See	Saw	Seen	*sí-in*
Seem	Seemed	Seemed	*sím-d*
Send	Sent	Sent	*sén-t*
Take	Took	Taken	*téi-ken*
Want	Wanted	Wanted	*uánte-d*

Le contestó Jesús: "El que me ama, obedecerá mi palabra, y mi Padre lo amará, y haremos nuestra vivienda en él".
—Juan 14:23

Jesus replied, "If anyone loves me, he will obey my teaching. My Father will love him, and we will come to him and make our home with him.
—John 14:23

Los pronombres personales

Aunque los vimos en la lección de los verbos, no profundizamos mucho en ellos. Vamos a dedicarle un poco más de atención. Es posible que el lector conozca ya algunos de estos pronombres, ya sea que los haya estudiado, escuchado o usado antes. Veámoslos en conjunto, tal como los aprendimos en español:

I	*(ái)*	Yo
You	*(llú-u)*	Tú, usted, ustedes (es singular y plural a la vez)
He	*(jí)*	Él
She	*(s-chí)*	Ella
It	*(ít)*	Ello (neutro) o él o ella (si son cosas, no personas)
We	*(uí)*	Nosotros
They	*(déi)*	Ellos o ellas

En inglés no hay diferencia entre **tú, usted** o **ustedes** (you) . La familiaridad o tuteo con la otra persona se determina por el contexto o contenido de la conversación y su forma de expresarla, y no por el pronombre.

En inglés tampoco existe la traducción del antiguo y muy formal pronombre español **vos** (usted) y su plural **vosotros** (ustedes), los cuales casi no se usan ya en España.

El "Thou" bíblico

Aunque no es para estudiarse, lo menciono sólo como una curiosidad. Algunas Biblias inglesas utilizaban pasajes en inglés antiguo. En dicha versión del idioma, casi ya desaparecido, es frecuente el uso de **"thou"** en lugar de **"you"**. Usualmente, se reservaba el uso de **Thou** para dirigirse a Dios.

Thou *(dáo)* = you (Tú)

Ejemplo:

Be Thou my vision, O Lord of my heart
bi dáo mái víshen, ou Lor-d of mái jár-t
Sé Tú mi visión, oh Señor de mi corazón.

Thou tenía (tiene para los estudiosos) dos variantes más:

Thee	*(dí)*	= you (te, como artículo)
Thy	*(dái)*	= your (tu, de posesión)

Otros pronombres

Como dice su propio nombre, los pronombres son palabras que nos ayudan a definir una expresión al colocarse antes *(pro)* del nombre (sujeto o sustantivo).

De ellos, los más importantes son los pronombres personales que ya fueron explicados

(**I, You, He, She, It, We, You, They**). Pero al igual que en español, en inglés usamos otros pronombres para construir nuestras oraciones.

Pronombres posesivos

Son sencillos de entender, porque son casi extensiones de los pronombres personales. Los pronombres posesivos se usan para expresar la posesión o autoría de algo. A diferencia del español, donde los posesivos pueden estar en singular o plural ("mi" o "mis"; " "tu" o "tus"; etc.) en inglés, los posesivos no tienen plural.

(I)	**My**	*mái*	Mi, mis
(You)	**Your**	*llú-uar*	Tu, tus, su, sus, suyo, suya
(He)	**His**	*jís*	Su, sus (si es masculino)
(She)	**Her**	*jer*	Su, sus (si es femenino)
(It)	**Its**	*its*	Su, sus (si es neutro)
(We)	**Our**	*áuar*	Nuestro, nuestros, nuestra, nuestras
(You)	**Your**	*llú-uar*	Su, sus, suyos, suyas (de ustedes)
(They)	**Their**	*déar*	Su, sus, suyos, suyas (de ellos o ellas)

Algunas escuelas consideran adjetivos a los anteriores pronombres. Sean adjetivos o pronombres, ambos indican a quién o qué pertenece, y se usan antes del sustantivo o sujeto.

Ejemplos:

This is my English book	*dís is mái íngli-sh búk*	Este es mi libro de inglés
This is your English book	*dís is llú-uar íngli-sh búk*	Este es tu libro de inglés
This is his English book	*dís is jís íngli-sh búk*	Este es su libro de inglés (de él)
This is her English book	*dís is jís íngli-sh búk*	Este es su libro de inglés (de ella)
This is our English book	*dís is áour íngli-sh búk*	Este es nuestro libro de inglés
This is your English book	*dís is llú-uar íngli-sh búk*	Este es su libro de inglés (de uds.)
This is their English book	*dís is déear íngli-sh búk*	Este es su libro de inglés (de ellos)

En inglés hay otra manera de identificar la propiedad de algo. También son pronombres, pero estos se pueden usar al principio o al final de la oración. Por lo regular, expresan una posesión más definitiva, y pueden hasta ser el sujeto de la oración.

(I)	**Mine**	*mái-n*	Mío, mía, míos, mías
(You)	**Yours**	*llú-uar-s*	Tuyo, tuya, suyo, suya
(He)	**His**	*jís*	Suyo, suya (si pertenece a él)
(She)	**Hers**	*jérs*	Suyo, suya (si pertenece a ella)
(It)	**Its**	*ít-s*	Suyo, suya (si pertenece a algo neutro, una cosa)
(We)	**Ours**	*áuar-s*	Nuestro, nuestra, nuestros, nuestras
(Your)	**Yours**	*llú-uar-s*	Suyo, suyos, suya, suyas (de ustedes)
(They)	**Theirs**	*déar-s*	Suyos, suyas (de ellos)

Ejemplos:

This English book is mine	*dís íngli-sh búk is mái-n*	Este libro de inglés es mío
This English book is yours	*dís íngli-sh búk is llú-uars*	Este libro de inglés es tuyo
This English book is his	*dís íngli-sh búk is jís*	Este libro de inglés es de él
This English book is hers	*dís íngli-sh búk is jers*	Este libro de inglés es de ella
This English book is ours	*dís íngli-sh búk is áuar-s*	Este libro de inglés es de nos.
This English book is yours	*dís íngli-sh búk is llú-uars*	Este libro de inglés es de uds.
This English book is theirs	*dís íngli-sh búk is déars*	Este libro de inglés es de ellos

Otras maneras de expresar posesión

También puede expresarse la posesión de algo usando la palabra "**of**" (de) o el socorrido "apóstrofe con s" (**'s**) . Como norma, puede usar "**of**" si está hablando de objetos o cosas inanimadas; y para personas o seres con vida, se usa (**'s**) a continuación del nombre de quién tenga la "posesión", seguido de lo que sea que posee.

Ejemplos de posesión en cosas usando "of":

The Pastor of my church   *de pás-tor of mái chér-ch*
El pastor de mi iglesia

The pages of Yolanda's book   *de péilles of Yolanda-s búk*
Las páginas del libro de Yolanda

The cover of your English book   *dá cóver of llú-uar íngli-sh búk*
La cubierta de tu libro de inglés

The chapters of her English book   *de chápter-s of jér íngli-sh búk*
Los capítulos de su libro de inglés

The sound of the ocean waves   *da sáun-d of the óchian güei-vs*
El sonido de las olas del océano

The photos of Gabriela and Isabela   *da foto-us of Gabriela an Isabela*
Las fotos de Gabriela e Isabela

Ejemplos de posesión en seres vivientes usando ('s):

I still keep my mother's Bible   *ái s-til kíp mái Moder's bái-bel*
Yo todavía guardo (conservo) la Biblia de mi madre

This is Mark's English book   *dís is Mark-s íngli-sh búk*
Este es el libro de inglés de Mark

That is Frankie's computer   *dat is Franki-s campiúder*
Esa es la computadora de Frankie

Those are Anthony's toys   *dóus ar Anzo-ni-s tóis*
Esos son los juguetes de William

David's blanket is blue   *Déivid's blánke-t is blú*
El cobertor de David es azul

Lourdes's garden is pretty   *Lourde-s gar-den is príti*
El jardín de Lourdes es bonito

Pronombres demostrativos "this" y "that"

"This" y **"that"** son pronombres demostrativos que ayudan a localizar cosas (y en raras ocasiones, personas, pues son pronombres neutros, casi siempre usados con objetos), dependiendo de cuán cerca o lejos esté de la persona que habla.

This   *dís*   **Este, ésta, esto**

Se usa para referirse a algo que está bien cerca, o en la mano, de quien está hablando.

Will loves this book   *Will lóv-s dis búk*
Will ama este libro

This car is giving me problems   *dís car is gívin mi práblem-s*
Este carro me está dando problemas

This steak really tastes good!   *dís s-téik ríli téist-s gúd!*
   ¡Este bistec realmente sabe bien!
This building has a nice location   *dís bílding jás ei náis loquéi-shen*
   Este edificio tiene una buena localización.

That   *dát*   Eso, esa, aquel, aquello, aquella

Se usa para referirse a algo que está más alejado de quien está hablando.

That man is running   *dát man is rónin-g*
Aquel hombre está corriendo
That box belongs to Teresita   *dát box bílong-s tu Teresita*
Aquella caja pertenece a Teresita
David, Sr., likes that car   *Déi-vid sí-nior láik-s dat car*
A David, padre, le gusta ese carro
I love that version of the Bible   *ái láv dat ver-shon of da bái-bel*
Me encanta esa versión de la Biblia

"These" y "Those"

These es el plural de **This**...y **Those** es el plural de **That**.
This es uno (aquí). **These** son muchos (aquí).
That es uno (allá). **Those** son muchos (allá).

These   *dí-is*   Estos, éstas

These books are mine	*dí-is búk-s ar máin*	Estos libros son míos
These shoes need cleaning limpieza	*dís shú-s níd clíning*	Estos zapatos necesitan
Lucy loves these flowers	*Lú-ci lav-s dís fláuer-s*	Lucy ama estas flores
These apples taste sweet	*dís ápel-s téis-t suít*	Estas manzanas tienen sabor dulce

Those   *dóu-s*   Esos, esas, aquellos, aquellas

Jesus saves those who follow Him	*Llísus-s séiv-s dóu-s jú fálou jím*	Jesús salva aquellos que lo siguen
Those chairs belong to Paula	*dóu-s chéar-s bílong tu Póu-la*	Aquellas sillas pertenecen a Paula
Those girls are praying	*dóu-s guérl-s ar prei-ín*	Aquellas niñas están orando

Those trees need water	*dóu-s trí-is níd uórer*	Aquellos árboles necesitan agua

That como "que"

En adición a su trabajo como pronombre demostrativo (eso, esa, aquel, aquella), **"that"** tiene un uso muy importante y frecuente como pronombre conjuntivo (conjunción) o adyacente preposicional, y hasta como atributo (¿**Qué** es eso? / Él dice **que** no oyó / ¿En nombre de **qué**?)

Ejemplos:

Jesus said that we have to pray   *Llísu-s sed dát uí jáv tu préi*
Jesús dijo que debemos orar

Alejandro thinks that you're correct   *Alejandro zínc-s dat llú-u ar correct*
Alejandro piensa que estás en lo correcto

Gloria said that that was wrong   *Glória sed dát dat uós rón-g*
Gloria dijo que eso estuvo equivocado (incorrecto, mal)

Nicole said that he was coming   *Nicól sed dát jí uós cámin*
Nicole dijo que él venía

The horse that is eating carrots is mine   *da jórs dát is íting karrot-s is máin*
El caballo que está comiendo zanahorias es mío

The family that prays together stays together   *de fámili dát préis tuguéder stéis tuguéder*
La familia que ora unida permanece unida

EJERCICIO: LOS PRONOMBRES

Repita aquí el mismo tipo de ejercicio que ha venido haciendo en los capítulos anteriores. Práctica y repetición...repetición y práctica.

Pages_____	Chapters_____
Sound_____	Ocean_____
Waves_____	Toys_____
Blanket_____	Dog_____
Food_____	Pencil_____
Broken_____	Belong_____
Correct_____	Wrong_____
Pages_____	Chapters_____
Sound_____	Ocean_____
Waves_____	Toys_____
Blanket_____	Dog_____
Food_____	Pencil_____
Broken_____	Belong_____
Correct_____	Wrong_____

Capítulo 10

LA FAMILIA

Por lo tanto, siempre que tengamos la oportunidad, hagamos bien a todos, y en especial a los de la familia de la fe.
—Gálatas 6:10

Therefore, as we have opportunity, let us do good to all people, especially to those who belong to the family of believers.
—Galatians 6:10

Si hay algo importante para nosotros los latinos es nuestra familia. Estoy seguro que en algún momento usted querrá hablar de ella con alguien. Aquí están los nombres más usados en nuestro vocabulario parental para que usted pueda formar oraciones con ellas.

Family	*fámili*	Familia	Mother	*máder*	Madre
Father	*fáder*	Padre	Son	*san*	Hijo
Daughter	*dárer*	Hija	Brother	*bráder*	Hermano
Sister	*sís-ter*	Hermana	Grandmother	*grénd-máder*	Abuela
Grandfather	*grénd-fáder*	Abuelo	Uncle	*ón-kel*	Tío
Aunt	*ent*	Tía	Nephew	*né-fiú*	Sobrino
Niece	*ní-i-s*	Sobrina			

Apodos cariñosos

Igual que nosotros le decimos Mami o Papi a nuestros padres, en inglés hay apodos de cariño para ellos y otros miembros de la familia:

Mom	*mom*	Mami	Ma	*má*	Mami
Dad	*dad*	Papi	Pa	*pá*	Papi
Bro	*bro*	Hermano	Sis	*sis*	Hermana

Los "in-law"

Cuando una persona tiene un familiar debido a la ley (**law**), es decir, gracias a un matrimonio (el de usted o de un familiar cercano), sólo tiene que añadir **in-law** a su nombre. De hecho es usual referirse a los suegros como los **"in-laws"** *in-lós*:

Mother-in-law	*máder-in-ló*	Suegra	Father-in-law	*fáder-in-ló*	Suegro
Son-in-law	*san-in-law*	Hijastro	Daughter-in-law	*dárer-in-ló*	Hijastra

| Brother-in-law | *bráder-in-ló* | Hermanastro | Sister-in-law | *sís-ter-in-ló* | Hermanastra |

Si su padre se ha casado con otra mujer, o su madre con otro hombre, su madrastra no puede llamarse **Mother-in-law**, porque ese es el nombre reservado para su suegra, ni su padrastro podría llamarse **Father-in-law**, por igual razón. Para esos casos se usa:

| Stepmother | *s-tép-máder* | Madrastra | Stepfather | *s-tép-fáder* | Padrastro |

También puede llamar a sus hermanastros **Stepbrothers** o **Stepsisters.**

Otros nombres en la familia

En inglés, nos referimos a nuestros padres (papá y mamá), no como nuestros **fathers**, porque estaríamos diciendo que tenemos dos padres (varones). El término correcto es **parents** *párent-s.* No confunda **parents** con "parientes" (el grupo entero familiar), a pesar que ambas palabras se parecen extremadamente. En inglés, a los parientes se les llama **relatives** *réla-tív-s.*

Tampoco podemos referirnos a nuestros hijos, especialmente si hay una femenina en el grupo, como nuestros **sons,** porque eso implicaría que son todos varones. En ese caso, usamos la palabra **children** *chíl-dren,* que significa hijos, niños o muchachos de un modo genérico.

Parents	*párent-s*	Padres (los dos)	Relatives	*rela-tív-s*	Parientes
Children	*chíl-dren*	Hijos (más de uno)	Child	*chá-il-d*	Niño (genérico)
Kids	*kíd-s*	Niños (genérico)			

También son de uso frecuente:

| Husband | *jósband* | Esposo | Wife | *uái-f* | Esposa |
| Cousin | *cósin* | Primo o Prima | | | |

Cuidado con el plural de familia

Recuerde que, al igual que en español, **family** es una palabra singular. Se refiere a una familia. De manera que si va a decir que la familia está haciendo algo y detrás del nombre va un verbo, ese verbo debe estar en singular, no en plural.

Ejemplo:

My family is coming to church   *Mái fámili is cámin tu cherch*
  Mi familia viene para la iglesia

Vea que se usó **"is"**, que es el verbo en singular, refiriéndose a **una** familia.

Pero, si para referirse a su familia como un grupo, usted usa su pronombre **They**, entonces sí debe usar el verbo en plural, porque **They** se refiere a más de uno.

They are coming to church   *Déi ar cáming tu cherch*
  Ellos vienen para la iglesia

Y en este caso, se usó **"are"**, que es el plural de **"is"**.

Capítulo 11

MI CASA ES SU CASA

La maldición del Señor cae sobre la casa del malvado; su bendición, sobre el hogar de los justos.
—Proverbios 3:33

The Lord's curse is on the house of the wicked, but he blesses the home of the righteous.
—Proverbs 3:33

"Mi casa es su casa": Esta es una frase española que muchos estadounidenses reconocen y hasta dicen en su simpática pronunciación castellana. Nuestra casa es lo primero que los latinos ofrecemos a un visitante, dada nuestra inherente hospitalidad, por lo tanto es algo que debemos estudiar con detalle para conocer bien todos los aspectos de lo que es la casa y el hogar.

En los Estados Unidos se dice que tener una casa propia es "el sueño americano". En mi opinión, ese es el sueño mundial, no sólo de los estadounidenses, porque todos anhelamos tener un techo seguro sobre nuestras cabezas.

Comencemos por conocer los diferentes tipos de casas en los EE.UU.:

House	jáu-s	Casa
Apartment	apár-t-mén-t	Apartamento, departamento
Condo	cón-dou	Condominium con-dou-míniu-m Condominio, edificio de apartamentos propios
Duplex	dú-plex	Casa dividida en dos unidades habitables diferentes
Lot	lat	Lote de terreno donde se ubica una casa
Efficiency	efí-chen-sí	Apartamento pequeño de un solo espacio

En una casa, o apartamento, se pueden encontrar algunas de estas áreas:

Living room	lí-ving rúm	Sala de estar
Dining room	dái-ning rúm	Salón comedor o área de comedor
Kitchen	kít-chen	Cocina

Hall	*jól-l*	Pasillo
Master bedroom	*máste-r bed-rúm*	Aposento o habitación principal para dormir
Rooms	*rú-ums*	Cuartos, aposentos o habitaciones
Guest room	*gués-t rúm*	Habitación para invitados
Master bathroom	*máster-baz-rúm*	Cuarto de baño principal
Bathroom	*báz-rúm*	Cuarto de baño
Family room	*fá-mili rúm*	Cuarto de familia, usualmente de ocio
Laundry room	*lón-dri rúm*	Cuarto lavandería
Den	*den*	Cuarto más privado, usualmente de oficina
Attic	*áti-k*	Ático
Basement	*béis-men-t*	Sótano
Stairs	*s-téar-s*	Escalera
Garden	*gár-den*	Jardín
Back Yard	*bák llár-d*	Patio al fondo
Porch	*pór-ch*	Porche, portal
Garage	*gará-ch*	Cochera

Dentro del Living Room o Family Room, se encuentran los muebles:

Furniture	*fer-ni-cher*	Muebles
Sofa	*sóu-fa*	Sofá
Couch	*-ch*	Sofá o diván
Armchairs	*árm-chéars*	Sillas o butacones
Rocking chairs	*ráking chéars*	Mecedoras o sillones
Bookcase	*búk-kéi-s*	Librero
TV Table	*tí-ví téi-bol*	Mesa para el televisor
Entertainment Center	*enter-téin-men-t cen-tar*	Centro o librero para equipos electrónicos de entretenimiento
Fireplace	*fáier-pléi-s*	Chimenea
Lamps	*lámp-s*	Lámparas

En la cocina encontrará los diversos aparatos de cocina:

Appliances	*aplái-enses*	Enseres eléctricos de cocina
Electric range	*elec-trik réin-ch*	Estufa eléctrica
Stove	*s-tóuv*	Nombre más antiguo para estufa
Oven	*óu-ven*	Horno
Microwave oven	*mái-cro-uéi-v óu-ven*	Horno microondas
Refrigerator	*re-fri-lleréi-ter*	Refrigerador (nevera)
Fridge	*fríd-ch*	Apodo para el refrigerador

Cabinets	cá-bi-net-s	Gabinetes
Toaster	tóus-ter	Tostadora de pan
Blender	blén-der	Batidora eléctrica
Coffe maker	cáfi méi-ker	Cafetera
Sink	sin-k	Fregadero
Smoke alarm	s-móu-k alár-m	Alarma contra humo

En el comedor encontrará:

Dining table	dái-níng téi-bol	Mesa de comer
Chairs	chéar-s	Sillas
Chinaware	chái-na uéar	Vajilla
Silverware	sil-var uéar	Juego de cubiertos

En el aposento o recámara encontrará:

Bed	bed	Cama
Dresser	dré-ser	Cómoda o gavetero
Bedtables	bed téi-bols	Mesitas de noche
Bedlamps	bed lámp-s	Lámparas de noche
Mirror	mí-rro-r	Espejo
Closet	clá-set	Closet

En el baño encontrará:

Toilet	tói-let	Taza de inodoro
Bathtub	báz-tob	Bañera
Shower head	shá-uer jéd	Ducha, regadera
Shower curtain	shá-uer quér-ten	Cortina de baño
Towels	tá-uel-s	Toallas

Diferencia entre "house" y "home"

Debo recalcar la diferencia entre "casa" (**house** - *jáus*) y "hogar" (**home** - *jóm*). Los estadounidenses son muy celosos del calor de su hogar. La alfombra de bienvenida más común en cualquier familia norteamericana dice: **"Home Sweet Home"**, "Hogar Dulce Hogar". De manera que a la hora de comprar una casa, ellos compran una **house**. Y cuando nos invitan a ella, nos invitan a su **house**. Pero cuando uno está adentro de ella, está en su **"home"**.

Why don't you come to my house for dinner? *Uái dóun-t llú-u kóm tu mái jáus for dínar?*
¿Por qué no vienes a mi casa para cenar?

Nereida, drop by the house sometime! *Nereida, drap bái the jáus samtái-m!*
  ¡Nereida, llégate a la casa cuando quieras!

Pero usualmente, al final de un día de trabajo, añoran no ir a su casa, sino a su hogar:

I am tired, I am going home. *Ai am tái-er-d, ái am go-ing jóm*
  Estoy cansado, me voy a casa (mi hogar)

Capítulo 12

FÁBRICA DE VERBOS CASEROS

*Seis días trabajarás, pero el día séptimo descansarán tus bueyes y
tus asnos, y recobrarán sus fuerzas los esclavos nacidos en casa y los
extranjeros.*

—Éxodo 23:12

*Six days do your work, but on the seventh day do not work, so
that your ox and your donkey may rest and the slave born in your
household, and the alien as well, may be refreshed.*

—Exodus 23:12

Los verbos son el sostén principal de todo idioma, y si bien el inglés
tiene menos verbos que el español, no es menos cierto que todavía tiene
varios miles de verbos que tomarían años de estudiar y dominar a un
estudiante latino.

Afortunadamente, *Aprenda inglés con la ayuda de Dios* le ofrece una
manera más rápida y fácil de comunicarse efectivamente en dicho idioma. Humorísticamente yo los llamo "verbos caseros", porque me
recuerdan todas esas cosas que hacemos o fabricamos nosotros mismos
en casa para no comprarlas a mayor precio en un mercado.

Además, y entrando en materia de idiomas, los hispanos somos
muy adeptos a fabricar verbos, sobre todo, ahora que mezclamos algunas palabras inglesas y las convertimos en un verbo español. Por ejemplo, la palabra **fax**, ese equipo de oficina que envía facsímiles (faxes)
electrónicamente, acción que hemos convertido en el inexistente verbo *faxear.*

No somos los únicos. Los estadounidenses también "fabrican" verbos, usualmente combinando un verbo con otras palabras.

Y ese es nuestro recurso. Combinando algunos verbos que ya usted
estudió con otras palabras, va a "fabricar" verbos nuevos que le per-
mitirán conseguir el mismo efecto y la misma comunicación con otras
personas que si aprendiera los miles de verbos del inglés.

Lo mejor de todo es que esta manera no es inapropiada. De hecho,
es la manera en que una gran parte de la población estadounidense

habla su idioma, simplemente porque es más fácil. No será la manera más académica en el aspecto más puro de la gramática, pero es la más sencilla. Y ese es el propósito de este libro. Hacer fácil el aprendizaje del inglés.

Ejemplos:

Supongamos que quiero decir: Yo le ordené (**I ordered**)

"Ordené" es una forma en pasado del verbo "ordenar" (**To order**), y supongamos que no sé conjugarlo. Pero sí conozco bien el verbo **To give** (dar), porque lo estudié en el capítulo "Los verbos fundamentales" de este libro.

Entonces "fabrico":

I gave an order to him   *ái guéiv an orde-r tu jim*
  Le di una orden a él

Supongamos, también, que usted estará de acuerdo conmigo en que es lo mismo decir: "Yo le ordené", que decir: "Le di una orden a él". Problema resuelto. Se comunicó la idea.

Repito, mi recurso fue utilizar un verbo que conozco, como **"To give"**, para fabricar una oración que dijera lo mismo que si yo usara el verbo **"To order"**, que no conozco bien.

¿Ve usted ahora por qué debe estudiar bien esos verbos fundamentales?

Otro ejemplo con **To give**: Supongamos que usted no sabe conjugar bien el verbo **"To kiss"** (besar) y quiere decir que su hija le besó, que es tiempo pasado.

En la forma ideal, usando **To kiss**, debería decir:

My daughter kissed me.   *Mái dóre-r kiss-d mi*
  Mi hija me besó

Entonces se recurre a **"give"**, del cual ya conoce bien su tiempo pasado **"gave"**, y dice:

My daughter gave me a kiss   *Mái dóre-r guéi-v mi éi kis*
  Mi hija me dio un beso

¿Ve qué fácil? Decir: "Mi hija me dio un beso", es lo mismo que decir: "Mi hija me besó", sin necesidad de estudiar más verbos.

Igual puede hacer con los demás verbos fundamentales, especialmente con **Get**, **Make**, **Have**, **Put**, **Let**, **Go** y **Take**, además de **Give**, que son de gran ayuda para la formación de verbos instantáneos que le ayuden a transmitir y comunicar su idea.

Buenas noticias

No sólo los verbos fundamentales son materia prima para su fábrica de verbos "caseros". Las preposiciones son también un buen "material".

De ellas las más útiles son: **In**, **On**, **Off**, **Out**, **Up**, **Down**, **For**, **Alter** y **By**, aunque hay muchas otras.

Voy a subrayar el verbo fundamental que ya usted estudió, y que usaré en cada ejemplo a continuación, para que pueda apreciar bien como éste se combina con la preposición que le sigue, para entre los dos formar lo que viene a ser otro verbo no fundamental y así poder transmitir su idea en idioma inglés.

Ejemplos de estos "verbos caseros" son:

Go down (como "caer"), en lugar de **To fall** *tu fol* que es el verbo "caer" correcto.

The boxer <u>went</u> down in the ring.   *Da baxer uén-t dáo-n in da rin-g*
   El boxeador cayó en el ring.

Go in (como "entrar")
You may go in and see the doctor.   *You méi góu in an-d sí da dac-ter*
   Puede entrar y ver al doctor.

Go up (como "subir")
This elevator is <u>going</u> up.   *Dis elevéi-ter is gó-ing óp*
   Este ascensor está subiendo.

Go on (como "continuar")
You should go on with your studies.   *Llú-u shúd góu an wiz llúar s-tódi-s*
   Tú deberías continuar con tus estudios.

Give up (como "abandonar, dejar")
Ian gave up smoking.   *Ian guéiv óp s-móuk-ing*
   Ian dejó de fumar (con el pasado de "give").

Get up (como "levantarse")

Lidia gets up at 7:00 am every day.   *Lidia guét-s óp at séven in da mor-ning evri déi*
   Lidia se levanta a las siete de la mañana todos los días.

Get by (como "mantenerse bien")

He is getting by in his illness.   *Ji is guét-ing bái in jis íl-nes*
   Él se mentiene bien dentro de su enfermedad.

Put on (como "poner")

Jane is putting on her hat.   *Lléi-n is putin on jer jat*
   Jane (Juana) se está poniendo su sombrero.

Put off (como "posponer")

The inauguration has been put off.   *Da inauguréi-chen jas bín put of-f*
   La inauguración ha sido pospuesta.

Put out (como "apagar")

The firefighters put out the fire.   *Da fái-er fái-ter-s put áut da fá-ier*
   Los bomberos apagaron el incendio.

Take off (como "quitar")

You better take off your coat.   *Ilú-u bére-r téik of Iluá-r cóut*
   Mejor te quitas tu abrigo.

Come in (como "entrar")

Please, come in.   *Plís cám in*
   Por favor, entre.

Come for (como "venir por")

They came for a better life in this country.   *Déi quéim for a bere-r lái-f in dis cóntri*
Ellos vinieron por una mejor vida en este país.

Verbos prefabricados

   El uso diario de ciertos verbos, que una vez fueron "caseros", ya los ha convertido en verbos regulares comunes que se usan día a día normalmente, aunque parte es "slang" y parte es costumbre. Entre ellos están:

Give up	*Guí-v op*	Rendirse
Turn in	*Térn in*	Acostarse
Turn up	*Térn óp*	Aparecer, llegar
Come around	*Cám aráun-d*	Mejorar o mejorarse
Ran out	*Ran áu-t*	Acabarse, terminarse
Drop in	*Dráp in*	Llegar de pronto

Look up	*Lúk óp*	Buscar con la vista
Break down	*Bréi-k dáon*	Romperse, rotura
Jump in	*Jóm-p in*	Unirse

Capítulo 13

Es hora de comer

Y el Señor le dio este mandato:
"Puedes comer de todos los árboles del jardín".
—Génesis 2:16

And the Lord God commanded the man,
"You are free to eat from any tree in the garden..."
—Genesis 2:16

No importa en cuál país vivamos, todos tenemos que comer. En casa, es sólo cuestión de ir al mercado, hacer la compra de víveres, cocinarlos y servirlos. Pero también, tenemos la opción de ir a un restaurante. Veamos ambos casos, empezando por el supermercado.

En el supermercado

Conozcamos primero las palabras relacionadas:

Supermarket	*super-már- quet*	Supermercado
Aisle	*áil*	Pasillo (usualmente numerado)
Shopping cart	*shó-ping kar-t*	Carrito de compras
Cashier	*cá-shí-er*	Cajera o cajero
Bagger	*bá-guer*	Persona que empaca la compra

Los departamentos o secciones usuales en un supermercado son:

Dairy	*déi-ri*	Productos lácteos
Cereals	*sí-rial-s*	Cereales
Coffee and Teas	*cáfi án-d tí-is*	Café y teses
Bakery	*béi-que-ri*	Panadería
Produce	*pró-diú-s*	Productos del campo, vegetales, frutas, etc.
Meats	*mít-s*	Carnes
Frozen products	*fróu-sen prádact-s*	Productos congelados
Canned products	*cán-d prádact-s*	Productos enlatados
Paper products	*péi-per prádact-s*	Productos de papel (servilletas, platos, etc.)
Cleaning products	*clí-ning prádact-s*	Productos de limpieza
Deli	*déli*	Delicatessen (embutidos lasqueados, etc.)

Las carnes usualmente están subcatalogadas en:

Beef	*bíf*	Res

Poultry	*póul-tri*	Aves y derivados
Pork	*pór-k*	Cerdo
Fish	*fí-sh*	Pescados
Shellfish	*shél-fí-sh*	Mariscos

La gran mayoría de los artículos en un supermercado estarán en cajas o latas, cada una con su nombre que, aunque en inglés, fácilmente le permitirá identificar su contenido, porque usualmente tienen ilustraciones. Es en el departamento de frutas y vegetales donde puede que tenga usted alguna confusión adicional, dado que a veces los nombres de los productos son diferentes a los que conocemos en nuestros países.

Aquí le daré algunos:

Corn	*kór-n*	Maíz
Carrot	*ka-rrot*	Zanahoria
Cucumber	*quiú-cómber*	Pepino
Onion	*óni-on*	Cebolla
Potato	*po-téi-tóu*	Papa
Sweet potato	*s-uít po-téi-tóu*	Boniato, batata
Yam	*llám*	Batata americana (anaranjada)
Tomato	*tó-mei-tou*	Tomate
Lettuce	*lé-tus*	Lechuga
Cabbage	*kábech*	Repollo, col
Green pepper	*grín pé-per*	Pimiento verde (también hay rojos y amarillos)
Mushroom	*mósch-rúm*	Zetas, hongos, champiñones
Pumpkin	*póm-p-kín*	Calabaza
Plantain	*plán-tein*	Plátano verde de cocinar
Banana	*ba-ná-na*	Plátano dulce, guineo
Apple	*ápe-l*	Manzana
Pear	*pé-ar*	Pera
Peach	*pí-ich*	Melocotón, durazno
Lemon	*lé-mon*	Limón (amarillo)
Lime	*láim*	Lima (limón verde)
Orange	*óren-ch*	Naranja
Grapefruit	*gréi-p frút*	Toronja
Papaya	*papá-lla*	Papaya, lechoza, fruta bomba
Melon	*mélon*	Melón
Pineapple	*páin á-pel*	Piña, ananás
Mango	*mán-gou*	Mango

Grapes	*gréip-s*	Uvas				
Strawberry	*s-trá-beri*	Fresa				
Cherry	*ché-rri*	Cereza				
Cranberry	*crán-beri*	Arándano				

Otras palabras que debemos conocer para comprar en un supermercado:

Milk	*mil-k*	Leche	Coffee	*cá-fi*	Café
Tea	*tí*	Té	Butter	*bó-rer*	Mantequilla
Margarine	*mar-jerin*	Margarina	Oil	*ói-l*	Aceite
Eggs	*eg-s*	Huevos	Salt	*sól-t*	Sal

Además de los supermercados, existen mercados más pequeños, normalmente llamados **groceries** *gróu-céri-s* (que en nuestros países llamamos colmados, abastos o bodegas). También hay tiendas pequeñas de artículos comestibles de primera necesidad, sean independientes o en gasolineras, llamadas **convenience stores**, *can-ví-nién-s s-tóar-s*, o "tiendas de conveniencia", porque nos sacan de un apuro si necesitamos sólo un litro de leche, un paquete de pan o café, etc., cuando andamos de prisa.

En el restaurante

Primero, decidamos a qué tipo de restaurante quiere ir, porque existen diferentes restaurantes y estoy seguro que en la ciudad donde vive, hay de todos ellos:

Cafeteria	*cafe-tí-ria*	Cafetería (más fácil no puede ser)
Coffe Shop	*cáfi-sháp*	Cafetería especializada en café
Fast Food restaurant	*fás-t fú-d rés-táu-ran-t*	Restaurante de servicio instántaneo
Food Court	*fú-d cor-t*	Sección de 'Fast Foods' dentro de centros comerciales
Pizzeria	*pí-ze-ría*	Pizzería
Restaurant	*res-táu-ran-t*	Restaurante

Si decidimos ir a un restaurante de servicio completo, estas serían las palabras asociadas con este tipo de restaurante:

Reservation	*reser-véi-chen*	Reservación
Hostess	*jóstes-s*	Anfitriona (quien nos recibe y sienta)
Maitre D'	*méitre dí*	Anfitrión (quien nos recibe y sienta)
Waiter	*uéi-rer*	Camarero

Waitress	*uéi-tres*	Camarera
Busboy	*bos-bói*	Mochila (quien limpia las mesas)
Chef	*chéf*	Cocinero principal en restaurantes
Cook	*kúk*	Cocinero en cafeterías
Dishwasher	*dish uásher*	Lavaplatos
Cashier	*ca-shí-r*	Cajero o cajera
Menu	*mé-níu*	Menú
Wine list	*uáin lís-t*	Lista de vinos
Order	*ór-der*	Orden de comida
Dessert	*di-sér-t*	Postre
Check	*chék*	Cuenta

Algunas frases útiles:

May I take your order?
¿Puedo tomar su orden?

Méi ái téi-k llú-uar órde-r?

Are you ready to order?
¿Está usted listo para ordenar?

Ar llú-u rédi tu órde-r?

What would you like to have?
¿Qué le gustaría ordenar?

Uát wúd llú-u lái-k tu jáv?

What would you like to drink?
¿Qué le gustaría beber?

Uát wúd llú-u lái-k tu drin-k?

May I suggest the special of the day?
¿Me permite sugerirle el especial del día?

Méi ái só-jés-t da s-pé-chal of di déi?

Let me have the beef steak.
Tráigame el bistec de res.

Let mi jáv de bíf s-téik.

How do you like your steak?
¿Cómo le gusta su bistec?

Jáo du llú-u lái-k llú-uar stéi-k?

Rare / Medium / Well done
Crudo / Mediano / Bien cocido

Réar / Mídiu-m / Uél dóun

Would you like some dessert?
¿Le gustaría algún postre?

Wúd llú-u lái-k sóm disér-t?

Would you like some coffee?
¿Le gustaría tomar café?

Wúd llú-u lái-k sóm cá-fi?

Would you like something else?
¿Le gustaría algo más?

Wúd llú-u lái-k sam-zing él-s?

May I have the check, please?
¿Me puede traer la cuenta, por favor?

Méi ái jáv de chek, plí-is?

Si decide ir a un restaurant de comida rápida (**Fast Food**), estas serían algunas de las palabras asociadas a este tipo de restaurante:

Drive Thru	*drái-v trú*	Ventanilla de servicio para clientes en autos
Hamburger	*jám-ber-guer*	Hamburguesa
Cheeseburger	*chís-ber-guer*	Hamburguesa con queso
Fish sandwich	*fís-ch sán-d-guí-ch*	Sándwich de pescado
Chicken sandwich	*chí-ken sán-d-guích*	Sándwich de pollo
Whopper®	*guá-per*	Super hamburguesa de Burger King®
Big Mac®	*big-mac*	Super hamburguesa de McDonalds®
Salad bar	*sála-d bar*	Buffet de ensaladas
Side salad	*sái-d sála-d*	Ensalada pequeña servida
Ham and Cheese	*jám án-d chí-is*	Jamón y queso
Apple pie	*á-pel pái*	Torta de manzana

Milk shake	mil-k ché-ik	Batido con leche
Sundae	són-dei	Helado con sirops de sabores
Pizza	pít-za	Pizza
Pizza slice	pít-za s-lái-s	Pedazo (cuña) de pizza
Pepperoni	pé-pe-roni	Pepperoni (chorizo apimentado)
Sausage	só-sech	Salchicha italiana
Pickles	pí-kels	Pepinillo encurtido en ruedas
Relish	ré-li-sh	Pepinillo dulce trozadito
Cheese	chí-is	Queso
French fries	frén-ch frái-s	Papas fritas
Hot dog	ját-dag	Frankfurter en pan (Perro caliente)
Catsup o Ketchup	két-shú-p	Salsa dulce de tomate
Mustard	mós-tar-d	Mostaza
Soda	sóu-da	Refresco gaseoso
Napkin	náp-kin	Servilleta
Straw	s-tró	Paja o sorbeto
Take out	téi-k áut	Comida para llevar

Frases útiles relacionadas a un restaurante **Fast Food**:

May I take your order?   *Méi ái téi-k llú-ur or-der?*
   ¿Puedo tomar su orden?
Anything else?   *Eni-zing él-s?*
   ¿Desea algo más?
For here or to take out?   *For jíar or tu téi-k áut?*
   ¿Para comer aquí o para llevar?
For here or to go?   *For jíar or tu góu?*
   ¿Para comer aquí o para llevar? (otra manera de decir lo anterior)
Anything to drink?   *Eni-zing tu drin-k?*
   ¿Algo para beber?

Es bueno notar que siguiendo la costumbre de acortar nombres eliminando palabras, en un restaurante **Fast Food** es usual que se acorten nombres como:

Fries	frái-s	En vez de French Fries (papitas fritas)
Shake	chéi-k	En vez de Milk Shake (batido con leche)
Burger	bér-guer	En vez de Hamburger (hamburguesa)

Capítulo 14

EL MODO IMPERATIVO

Todos se asustaron y se decían unos a otros: «¿Qué clase de palabra es ésta? ¡Con autoridad y poder les da órdenes a los espíritus malignos, y salen!»

—Lucas 4:36

All the people were amazed and said to each other, 'What is this teaching? With authority and power he gives orders to evil spirits and they come out!"

—Luke 4:36

Del idioma español recordamos que el modo imperativo de los verbos es aquél en que "damos una orden", aunque no necesariamente tiene que ser una orden a lo militar o "imperial" (de ahí surge el nombre *imperativo*). A veces, sólo hacemos una simple petición que se expresa de esa manera.

En inglés es bien simple expresarnos en este modo. Ya vimos que el modo infinitivo se consigue añadiendo la palabra "**to**" antes del verbo. Entonces, el modo imperativo se forma con tan sólo eliminar el "**to**".

Por ejemplo, al verbo "**to open**" *tu óupe-n* (abrir), le quitamos el "**to**" y ya lo podemos usar para hacer una petición o dar una orden.

Open your Bible in page 230.   *Ou-pen Ilú-ua-r Bái-bel in péi-ch tú jóndred and zérti*
  Abra su Biblia en la página 230.

Jeremy, be a good boy   *Llé-re-mi, bí ei gúd bói*
  Jeremy (Jeremías), sé un niño bueno (o pórtate bien).

Go to the kitchen   *Góu tu da kit-chen*
  Vaya (ve) a la cocina.

Let me go   *Let mi góu*
  Déjeme (déjame) ir.

Come to the house tomorrow morning *Cóm tu da jáu-s tu-márrou mor-ning*
  Venga (ven) a la casa mañana por la mañana.

Go with her   *Góu wí-z jer*
  Vaya con ella.

Give me my book   *Guí-v mi mái bú-k*
  Deme (dame) mi libro.

Luz María, do your homework   *Luz María, dú llú-uar jóm-uér-k*
  Luz María, haz (haga) tu tarea escolar.
Keep your faith in the Lord   *Kíp llú-uar féi-z in da Lor-d*
  Mantega su fe en el Señor.

Para conseguir o formar el modo imperativo en frases de negación, simplemente añada el auxiliar **"Don't"** (que es la abreviatura de **"Do not"**):

Don't go to the kitchen   *Dóun-t góu tu da kit-chen*
  No vaya a la cocina.
Don't open your book   *Dóunt ou-pen llú-uar búk*
  No abra su libro.
Don't do your homework now   *Dóun-t dú llú-uar jóm-uér-k náo*
  No hagas tu tarea escolar ahora.
Don't come to the house tomorrow.   *Dóun-t cóm tu da jáu-s tu-márrou*
  No venga (vengas) a la casa mañana.
Don't go with him.   *Dóun-t góu wí-z jim*
  No vaya (vayas) con él.

EJERCICIO: EL MODO IMPERATIVO

Convierta las siguientes frases en modo imperativo:

Can you open your book? _____

Will you bring your car? _____

You should go to your house. _____

Mary, can you take this to Joe? _____

I don't want you to see that show. _____

Can you do this job now? _____

Are you going to school today? _____

Capítulo 15

DÍAS, MESES Y TEMPORADAS

Y dijo Dios: "¡Que haya luces en el firmamento que separen el día de la noche; que sirvan como señales de las estaciones, de los días y de los años".
—Génesis 1:14

And God said, "Let there be lights in the expanse of the sky to separate the day from the night, and let them serve as signs to mark seasons and days and years."
—**Genesis 1:14**

La semana

El nombre de cada día de la semana en inglés termina precisamente con el sufijo **day**, que significa "día".

Monday	*mándei*	Lunes	Tuesday	*tiúsdei*	Martes
Wednesday	*uéns-déi*	Miércoles	Thursday	*zérs-day*	Jueves
Friday	*frái-dei*	Viernes	Saturday	*sáter-dei*	Sábado
Sunday	*sán-dei*	Domingo			

Los meses

A diferencia de los días de la semana en inglés, que no se parecen a los días en español, los nombres de los meses anglos si guardan cierto parecido con sus nombres en castellano. Dedique unos minutos a comparar unos con otros para que identifique la similitud, y verá que se hace muy fácil el reconocerlos, lo que le ayudará a memorizarlos.

January	*llánuari*	Enero	February	*fébruari*	Febrero
March	*march*	Marzo	April	*éipril*	Abril
May	*méi*	Mayo	June	*llú-un*	Junio
July	*llúlai*	Julio	August	*ógues-t*	Agosto
September	*sep-témber*	Septiembre	October	*octóu-ber*	Octubre
November	*novém-ber*	Noviembre	December	*disém-ber*	Diciembre

Las estaciones del año

En muchos de nuestros países hispanos, sobre todo, en aquellos del Caribe y los más cercanos a la línea ecuatorial, sólo conocemos dos estaciones en el año: una con calor y otra con más calor.

En los países que están más al sur del continente sudamericano, se aprecian algunos cambios de estaciones, algunas hasta muy diferentes a los países norteños. Pero en Estados Unidos, excepto algunos estados del sur del país, se nota una gran diferencia entre las cuatro estaciones del año. Por consiguiente, esto se refleja, a su vez, en los medios de comunicación, en las vestimentas y hasta en ciertas costumbres de los estadounidenses.

Las fechas de las cuatro estaciones, aunque sujetas a cambios ocasionales, son:

Summer *sámer* Verano (del 21 de junio al 22 de septiembre)

Es la época de calor sofocante, donde se toman vacaciones, se va a las playas y se hacen picnics o **Bar-B-Q** *bar-bí-quiú* (asados en parrillas portables de carbón) en el patio de la casa.

Fall *fól* Otoño (del 23 de septiembre al 20 de diciembre)

Es una temporada donde la temperatura refresca, los árboles empiezan a dejar caer sus hojas, llueve mucho y es cuando existe más peligro de huracanes para los estados del Este, aunque la temporada oficial de ellos es de junio a noviembre.

Winter *uínter* Invierno (del 21 de diciembre al 20 de marzo)

Esta es la estación del frío y de la nieve. Es época de abrigos, guantes y chimeneas encendidas en los hogares. Y, por supuesto, es el eje de la temporada navideña donde se celebra el nacimiento de Jesús, y no una mera época de compras y regalos.

Spring *s-prin-g* Primavera (del 21 de marzo al 20 de junio)

Es la temporada de las flores y de los árboles reverdecidos. La temperatura es agradable y hay lluvias ocasionales.

Hablemos del clima

Los estadounidenses prestan mucha atención al tiempo, es decir, al clima, especialmente en invierno, cuando una nevada puede llegar a interrumpir el tráfico en una ciudad y hasta las clases en las escuelas. O, en verano y otoño, por las grandes lluvias que pueden causar inundaciones, y, además, es época de huracanes. En la televisión estadounidense, el reportero climatológico es uno de los personajes más importantes.

Algunas palabras relacionadas al clima son:

Weather	*ué-der*	Clima, estado del tiempo	Cold	*cóul-d*	Frío
Warm	*uórm*	Tibio	Hot	*jat*	Caliente
Rain	*réi-n*	Lluvia	Snow	*s-nóu*	Nieve
Ice	*ái-s*	Hielo	Storm	*s-tór-m*	Tormenta
Hurricane	*jé-rri-quéin*	Huracán	Flood	*flód*	Inundación
Report	*rí-por-t*	Informe	Shelter	*shel-tar*	Refugio
Sky	*s-kái*	Cielo	Clouds	*cláud-s*	Nubes
Chilly	*chí-li*	Ligeramente frío			

Veamos algunas frases:

It is raining, but I will go to church.   *it is réi-ning, bot I uíl góu tu chérch*
  Está lloviendo, pero iré a la iglesia.

At church, Carmen prayed for good weather.   *at chérch, Carmen préi-d fer gúd ué-der*
  En la iglesia, Carmen oró para que hubiera buen tiempo.

It was cold yesterday.   *it uós cóul-d lléster-déi*
  Estuvo frío ayer.

Let me see the Weather Report.   *let mí sí da ué-der rí-por-t*
  Déjame ver el informe del tiempo.

It may be raining tonight.   *it méi bi réi-ning tú-náit*
  Puede estar lloviendo (que llueva) esta noche.

It might be snowing later.   *it máit bi s-nóu-ing léirer*
  Podría estar nevando (nevar) más tarde.

It was snowing this morning.   *it uós s-nóu-ing dis mor-ning*
  Estuvo nevando esta mañana.

The rains caused a big flood.   *da réin-s cós-d ei big flód*
  Las lluvias causaron una gran inundación.

The hurricane will hit us tomorrow.   *da jé-rri-quéin uíl jít ós tumórrou*
  El huracán nos azotará mañana.

In summer it gets very hot.   *in sómer it guéts veri ját*
  En verano se pone muy caliente.

It didn't rain at the church's picnic.   *it di-dén-t réin at the chérch-s pic-nic*
  No llovió en el picnic de la iglesia.

The weather looks good.   *da ué-der lúks gúd*
  El tiempo parece bueno.

The weather is bad.   *da ué-der is bad*
  El tiempo está malo.

The sky looks beautiful.   *da s-kái lúks biúri-ful*
  El cielo se ve bello.

Capítulo 16

UNA VISITA AL MÉDICO

Al oír esto, Jesús les contestó:
"No son los sanos los que necesitan médico sino los enfermos".
—Mateo 9:12

On hearing this, Jesus said,
"It is not the healthy who need a doctor, but the sick."
—Mathew 9:12

Ninguna visita a un médico es agradable, pero es algo que hay que tener en cuenta en todo momento, porque los seres humanos somos frágiles de cuerpo y abiertos a muchas enfermedades. Y cualquiera de estos dos casos es más complicado o desagradable, cuando estamos en una ciudad o país que no es el nuestro.

En Estados Unidos, esto es algo complicado. El país tiene los mayores y mejores adelantos médicos en cuanto a conocimientos, talento profesional, equipo disponible, medicinas, hospitales, pero el sistema es complicado, como sucede a veces con las cosas buenas.

Primero, la mayoría de los servicios médicos requieren que el paciente tenga un plan de seguro médico que pague por dichos servicios. De lo contrario, hay que pagar en dinero efectivo, y los servicios no son muy económicos que digamos.

Afortunadamente, en la mayoría de las grandes ciudades, hay hospitales municipales o centros de atención a la salud costeados por algunas iglesias que sí ofrecen ayuda y servicios a personas sin seguro médico o sin recursos para pagar por ellos en una emergencia. Es aconsejable investigar dónde están localizados dichos centros de ayuda tan pronto se llega a una ciudad, en lo que se logra obtener un seguro de salud adecuado. Muchas compañías ofrecen un plan de seguro médico a sus empleados como parte de su remuneración.

Una vez el plan de seguro médico le envía su tarjeta como asegurado, el sistema funciona usualmente de esta manera:

- Su compañía de seguros le asigna un médico primario o le provee una lista de médicos, especialistas y hospitales o centros de servicios médicos, donde usted puede acudir para cualquier tipo de situación o condición.

- Si su dolencia requiere atención de un médico especialista, su médico primario le dará un "referido" a uno de ellos. En todos estos casos, sea con su doctor primario o especialista, usted tiene que hacer una cita con anticipación.

- Obviamente, en una situación de emergencia, usted puede dirigirse de inmediato a la sala de emergencias del hospital más cercano. La mayoría de ellos están obligados, por ley, a atenderle, si su caso es de emergencia extrema.

- Si usted no pudiera moverse por algún motivo, una llamada telefónica al 911 lo conectará con el sistema nacional de emergencias. Si todavía no se siente con seguridad de hablar suficiente inglés para explicar su problema, pida a la operadora que lo comunique con alguien que hable español. En la mayoría de las grandes ciudades, siempre hay operadores hispanos.

- Sea en una visita regular o en una emergencia, es probable que los doctores le darán una receta para que usted busque las medicinas necesarias en una farmacia. Ahí, posiblemente, encontrará otra gran diferencia con algunos de nuestros países de origen. En Estados Unidos, ninguna farmacia le venderá una medicina facultativa si usted no tiene una receta firmada por un médico.

Conociendo ya como funciona el sistema, procedamos a estudiar las palabras relacionadas.

Doctor	*dác-tor*	Doctor	Hospital	*jós-pital*	Hospital
Clinic	*clí-nic*	Clínica	Nurse	*nér-s*	Enfermera, enfermero
Emergency	*imér-jénci*	Emergencia	Ambulance	*ámbiu-lans*	Ambulancia
Sickness	*sík-nes*	Malestar	Illness	*íl-nes*	Enfermedad
Injury	*ín-lluri*	Lesión	Injured	*ín-jerd*	Lesionado
Fracture	*frák-cher*	Fractura	Pain	*péi-n*	Dolor
Fever	*fí-ver*	Fiebre	Appointment	*apóin-t-men-t*	Cita
Condition	*con-di-chen*	Condición	Treatment	*trít-men-t*	Tratamiento
Prescription	*prés-críp-chen*	Receta	Temperature	*témpe-chur*	Temperatura
Blood test	*blód tes-t*	Análisis de sangre	Urine test	*iú-rin tes-t*	Análisis de orina

Symptoms   *sím-tóm-s*   Síntomas

Cómo hacer la cita médica

Para hacer la cita con el doctor, normalmente usted llama a su oficina y dice:

I would like to make an appointment with the doctor.
Ai wúd lái-k tu méi-k an apóin-t-men-t wiz da dác-tor
Me gustaría hacer una cita con el doctor.

Probablemente, le pregunten:

What kind of insurance do you have?   *Uát káin-d of insú-rans du llú-u jáv?*
¿Qué tipo de seguro tiene usted?
What kind of problem do you have?   *Uát káin-d of prá-blem du llú-u jáv?*
¿Qué tipo de problema tiene usted?

Aquí usted tendría que describir su problema de salud, además de proveer la información de su tarjeta de seguro médico. También le preguntarán su nombre, dirección y teléfono, y le dirán que día usted puede ir a ver al doctor.

Para hablar o explicar su problema de salud, tanto por teléfono como en persona, con un médico o enfermera, es bueno que sepa describir lo que está sintiendo en su cuerpo. En otras palabras, los síntomas que está sintiendo. Los más comunes son:

Headache	*jéd-éik*	Dolor de cabeza	Stomach ache	*s-tó-mak éik*	Dolor de estómago
Fever	*fí-ver*	Fiebre	Diarrhea	*dá-ia-rría*	Diarrea
Sore throat	*sóar zró-at*	Garganta adolorida	Nausea	*nóu-chí-a*	Náusea
Dizzyness	*dí-sinés*	Mareos	Cough	*cóf*	Tos

Si es algún tipo de herida o condición más seria, estaría usted hablando de:

Burn	*bér-n*	Quemada	Wound	*wún-d*	Herida
Cut	*cót*	Cortada	Fracture	*frák-cher*	Fractura
Heart attack	*hár-t aták*	Ataque al corazón (infarto)			
Seizure	*sí-chur*	Convulsiones			

Pero éstas, usualmente requieren tratamiento en la sala de emergencias de un hospital.

Partes del cuerpo humano

En cualquier conversación relacionada con una condición de salud, usted tendrá eventualmente que describir alguna parte de su cuerpo. Sin que entremos en un tratado de anatomía humana, estudie estas palabras que tienen que ver con su cuerpo u organismo.

Head	*jed*	Cabeza	Face	*féiz*	Cara
Ear	*ía-r*	Oído, oreja	Eye	*ái*	Ojo
Nose	*nóu-s*	Nariz	Mouth	*máu-tz*	Boca
Neck	*nék*	Cuello	Chest	*chés-t*	Pecho
Back	*bá-k*	Espalda	Waist	*uéis-t*	Cintura
Shoulders	*shól-der-s*	Hombros	Stomach	*s-tó-mak*	Estómago
Arms	*árm-s*	Brazos	Legs	*lég-s*	Piernas
Feet	*fí-it*	Pies (plural)	Foot	*fút*	Pie (singular)
Hip	*jíp*	Cadera	Elbow	*el-bou*	Codo
Knee	*ní*	Rodilla	Finger	*fín-guer*	Dedo de la mano
Toe	*tóu*	Dedo del pie			

Enfermedades y condiciones

Algunas de las enfermedades o condiciones más usuales son:

Cold	*cóul-d*	Catarro, resfríado	Sinus	*sái-nos*	Sinusitis
High Blood Pressure	*jái blód pré-shur*	Presión arterial alta	Diabetes	*dái-a-bitis*	Diabetes
Arthritis	*ar-zrái-tis*	Artritis	Indigestion	*in-dai-lles-chon*	Indigestión
Allergy	*áler-lli*	Alergia	Asthma	*atz-ma*	Asma
Sunburn	*son-bern*	Quemadura de sol			

Adjetivos, contracciones y gerundios

Él les contestó: "Al atardecer, ustedes dicen que hará buen tiempo porque el cielo está rojizo".
—Mateo 16:2

He replied, "When evening comes, you say, 'It will be fair weather, for the sky is red.'"
—Mathew 16:2

En español aprendimos que los adjetivos son aquellas palabras que usamos principalmente para describir algo o alguien, y distinguirlo de otros similares. En otras palabras, es un auxiliar que describe las cualidades de un sujeto o sustantivo. Y en español, esos adjetivos pueden tener género (bonito o bonita; limpio o limpia) y plural (fuerte o fuertes; sabio o sabios).

En inglés, los adjetivos no varían. No cambian de género ni tienen plural, lo que nos facilita el aprendizaje del idioma.

Colocación del adjetivo

El adjetivo inglés, sin embargo, tiene una característica muy importante que debemos recordar. En español, colocamos el adjetivo *después* de la persona o cosa (Ej. La casa bonita). En inglés, el adjetivo se coloca *antes* de la persona o cosa que vamos a describir. Así que tendríamos que decir "la bonita casa" en inglés. (Ej. **The pretty house** *da prídi jáus*; y no **The house pretty**, que nadie nos entendería.

Ejemplos:

She is a wise woman	*s-chí is e uáis u-úman*	Ella es una mujer sabia
He is a kind man	*jí is e káin-d man*	Él es un hombre bondadoso
They are very kind	*déi ar veri káin-d*	Ellos son muy bondadosos
This is a dirty plate	*dis is e derty pléit*	Este es un plato sucio
My white dress	*mái guáit dres*	Mi traje blanco
My white dresses	*mái guáit dreses*	Mis trajes blancos
The deep ocean	*da dip osh-ean*	El océano profundo
The deep oceans	*da dip osh-ean-s*	Los océanos profundos

Note que en inglés el adjetivo va antes del sujeto y aunque cambia a plural en español, no cambia a plural en inglés.

Para los gustos se han hecho los colores

Si los adjetivos se usan para describir y distinguir una cosa de otra, entonces no hay mejor adjetivo que un color, porque ¿cómo podríamos describir una bella flor sin mencionar su color, o explicar cómo encontrar una casa o algún objeto cuya principal característica fuese un distintivo color?

Veamos los colores en inglés, en orden alfabético:

Black	*blák*	Negro	Blue	*blú*	Azul
Brown	*brá-on*	Marrón o carmelita	Green	*grí-in*	Verde
Orange	*óran-ch*	Anaranjado	Pink	*pín-k*	Rosado
Purple	*pér-pel*	Púrpura o Morado	Red	*red*	Rojo
Yellow	*yé-lou*	Amarillo	White	*uái-t*	Blanco

Ejemplos de oraciones usando colores:

The flag colors are red, white and blue. *De fla-g cálor-s ar red, uáit and blú*
   Los colores de la bandera son rojo, blanco y azul.

The yellow bird is singing. *De yé-lou bér-d is sín-guín*
   El pájaro amarillo está cantando.

The President lives in the White House. *Da présiden-t lív-s in da uáit jáus*
   El Presidente vive en la Casa Blanca.

My Bible has a brown leather cover. *Mái bái-bel jase éi bráun léder cáver*
   Mi Biblia tiene una cubierta de cuero marrón.

Las contracciones

La primera forma de "slang" (modismos fonéticos) que usted encontrará en inglés son las contracciones entre algunos pronombres y algunos verbos, o entre formas del negativo, que son muy corrientes en su uso. En estas contracciones, desaparece una letra, que ni se escribe ni se pronuncia, y ella es sustituída por un apóstrofe.

Ejemplos con el verbo **"To be"**:

I am	*ái am*	Yo soy o estoy	I'm	*áim*	Yo soy o estoy
You are	*llú-u ar*	Tú eres o estás	You're	*llór*	Tú eres o estás
He is	*jí is*	Él es o está	He's	*jís*	Él es o está
We are	*uí ar*	Nosotros somos o estamos	We're	*uír*	Nosotros somos o estamos

Ejemplos con el negativo (**can't** y **don't**):

You can not have	*llú-u kan not jáv*	Tú no puedes tener
You can't have	*llú kan-t jáv*	Tú no puedes tener
I do not want	*ái du not guánt*	Yo no quiero
I don't want	*ái dóun-t guánt*	Yo no quiero

Y lo mismo sucede con:

Are not... que se convierte en **aren't.**

We aren't ready for this.   *Uí áren-t rédi for dís*
Is not... que se convierte en isn't.
This isn't your fault.   *Dís ísen-t yer fol-t*
Esto no es tu culpa.

Does not ... que se convierte en **doesn't.**

She doesn't know how bad he is.   *s-chí dósen-t nóu jáo bad jí is* Ella no sabe cuán
malo él es.

El gerundio. La terminación "ing"

En la gramática del idioma español, conocemos el tiempo llamado *presente continuo*. Es el que usamos para decir algo que está sucediendo en este preciso instante. Su verbo describe esa acción del momento, después que le añadimos las terminaciones "ando", "endo", "iendo", etc., y a esa modificación del verbo lo llamamos *gerundio*.

En inglés, ese tiempo del verbo se consigue añadiendo la terminación **"ing"** al verbo en cuestión. Y, regularmente, ese verbo está precedido por alguna de las formas del verbo auxiliar **"to be"** (**am, are, is** o sus pasados **was** y **were**).

El pastor está predicando.	The pastor is preaching.	*de Pasto-r is prích-ing*
Jim (Jaime) está jugando.	Jim is playing.	*Jím is pleí-ing*
Yo estaba leyendo.	I am reading.	*ái am ríding*
Nosotros estábamos caminando.	We were walking.	*uí uéar uókin-g*

En unos pocos casos, hay que alterar algunos verbos, casi siempre eliminando una vocal del verbo o duplicando una consonante, antes de añadir el **"ing"**, tal como sucede en español, donde a veces, tenemos que hacer ciertos ajustes para convertirlo a gerundio.

To make	*tu méik*	Hacer
Making	*méiking*	Haciendo (se eliminó la "e" del inglés antes del ing)
To get	*tu guét*	Conseguir o agarrar
Getting	*gueting*	Consiguiendo o agarrando (se duplicó la "t")
To put	*tu put*	Poner
Putting	*púting*	Poniendo (se duplicó la "t")
To give	*tu guív*	Dar
Giving	*guíving*	Dando (se eliminó la "e")

La terminación **"ing"** expande su vocabulario, porque convierte una palabra en otra nueva.

Play	*pléi*	Jugar	Playing	*pléi-ing*	Jugando
Rain	*réin*	Lluvia	Raining	*réi-ning*	Lloviendo
Drink	*drínk*	Tomar	Drinking	*drink-ing*	Tomando
Eat	*ít*	Comer	Eating	*ít-ing*	Comiendo
Turn	*térn*	Girar	Turning	*tér-ning*	Girando
Change	*chéinch*	Cambio	Changing	*chéin-ging*	Cambiando
Look	*lúk*	Mirar	Looking	*lúk-ing*	Mirando

Cómo se pregunta con "ing"

Si alguien le hiciese una pregunta usando el tiempo presente continuo (**ing**), es necesario que usted le conteste usando el mismo tiempo.

PREGUNTA: How are you doing? jáo ar llú-u dúin?
¿Cómo te está yendo?

RESPUESTA: I am doing fine. ái am dúin fáin?
Me está yendo bien.

PREGUNTA: What are you doing? uát ar llú-u dúin?
¿Qué estás haciendo?

RESPUESTA: I am reading the Bible. ái am ríding da bái-bel
Estoy leyendo la Biblia.

PREGUNTA: Are you going out? ar llú-u góin áut?
¿Estás saliendo?

RESPUESTA: I am going to the market. ái am góin tu da market
Estoy yendo al mercado.

PREGUNTA: Are you watching TV? ar llú-u uátchin tíví?
¿Estás mirando la tele?

RESPUESTA: No, I am reading the Bible. nóu, ái am ríding da bái-bel
No, estoy leyendo la Biblia.

Ejercicios adicionales con el gerundio

Practique a añadirle "ing" a algunos verbos que ya conozca, como por ejemplo:

Push	*púsh*	Empujar	**Pushing**	*pushing*	Empujando
Pray	*préi*	Orar	**Praying**	*préi-ing*	Orando
Keep	*kíp*	Guardar, mantener	**Keeping**	*kíping*	Guardando, manteniendo
Have	*jáv*	Tener	**Having**	*jáving*	Teniendo

Continúe usted escribiendo el gerundio inglés de estos verbos:

VERBO		GERUNDIO ESPAÑOL	GERUNDIO INGLÉS
To Run	*ron*	Correr	Corriendo _____
To Write	*ráit*	Escribir	Escribiendo _____
To Sleep	*s-líp*	Dormir	Durmiendo _____
To Clean	*clí-in*	Limpiar	Limpiando _____
To Offer	*áfer*	Ofrecer	Ofreciendo _____
To Open	*óupen*	Abrir	Abriendo _____
To Close	*clóus*	Cerrar	Cerrando _____
To Work	*uérk*	Trabajar	Trabajando _____
To Smile	*s-mái-l*	Sonreir	Sonriendo _____
To Cry	*crái*	Llorar	Llorando _____
To Go	*góu*	Ir	Yendo _____
To See	*sí-i*	Ver	Viendo _____
To Say	*séi*	Decir	Diciendo _____
To Send	*sén-d*	Enviar	Enviando _____
To Talk	*tó-k*	Hablar	Hablando _____
To Kick	*kí-k*	Patear	Pateando _____
To Wash	*uásh*	Lavar	Lavando _____
To Rest	*res-t*	Descansar	Descansando _____
To Blow	*blóu*	Soplar	Soplando _____
To Bite	*bái-t*	Morder	Mordiendo _____
To Jump	*llóm-p*	Saltar	Saltando _____
To Step	*s-te-p*	Pisar	Pisando _____
To Copy	*cápi*	Copiar	Copiando _____
To Keep	*quí-i-p*	Guardar	Guardando _____
To Throw	*zróu*	Lanzar	Lanzando _____

EJERCICIO: LOS ADJETIVOS

Repita aquí el mismo tipo de ejercicio que ha venido realizando en los capítulos anteriores.

Wise_____	Kind_____
Dirty_____	Deep_____
Dress_____	Flag_____
Bible_____	Leather_____
Black_____	Blue_____
Brown_____	Green_____
Orange_____	Pink_____
Purple_____	Red_____
Yellow_____	White_____
Strong_____	Slow_____
Free_____	Bad_____

Capítulo 18

SU PRÓXIMO VIAJE

Luego Jacob hizo esta promesa: "Si Dios me acompaña y me protege en este viaje que estoy haciendo, y si me da alimento y ropa para vestirme".

—Génesis 28:20

Then Jacob made a vow, saying, "If God will be with me and will watch over me on this journey I am taking and will give me food to eat and clothes to wear."

—**Genesis 28:20**

En algún momento, posiblemente usted hará un viaje en avión, y en la mayoría de las aerolíneas, gran parte del personal sólo habla inglés. De manera que es conveniente que usted conozca la terminología relacionada a los vuelos. Obviamente, la primera palabra a aprender es avión y para éste hay muchas maneras de referirse: **airplane** *(ear-plín)*, **aircraft** *(ear-kraf-t)*, **jet** *(llét)* y **plane** *(pléin)*.

Veamos otras palabras:

Passport	*páspor-t*	Pasaporte
Visa	*vísa*	Visa
Travel	*trável-l*	Viajar
Trip	*trí-p*	Viaje
Airline	*éar láin*	Línea aérea
Reservation	*reser-vei-chen*	Reservación
Ticket	*ti-ke-t*	Boleto
Destination	*des-ti-néi-chen*	Destino
Airport	*ear-por-t*	Aeropuerto
Concourse	*cáncor-s*	Pasillo de salidas
Gate	*guéi-t*	Puerta de salida
Arrivals	*arái-val-s*	Llegadas
Departures	*dipár-t-chúr-s*	Salidas
Bags	*bag-s*	Maletas
Baggage	*báguich*	Equipaje
Baggage claim	*báguich cléim*	Reclamo de equipaje
Security check	*seqiú-riti chék*	Control de seguridad
Boarding Pass	*bor-ding pás*	Pase de abordaje
Cabin	*cá-bin*	Cabina del avión
Flight attendant	*flái-t atén-dant*	Asistente de vuelo (azafata)
No smoking	*nóu s-móuking*	No fumar

Lavatory	*lávetori*	Baño (retrete) del avión
Landing	*lánd-ing*	Aterrizaje
Immigration	*imi-gréi-chen*	Inmigración
Customs	*cóstom-s*	Aduana
Declaration Form	*diclaréi-chen for-m*	Formulario de declaración

Oraciones o frases relacionadas a los vuelos

Algunas oraciones que le servirán de ayuda:

May I see your passport?
¿Puedo ver su pasaporte?
Méi ái si llúor pas-port

How long will you be staying?
¿Cuánto tiempo usted se quedará?
Jáo lon-g uí-l llú-u bi s-té-ing?

Would you like something to drink?
¿Le gustaría algo de beber?
Wud llú-u laik sóm-zing tu drin-k?

May I bring you some coffee?
¿Puedo traerle café?
Méi ái brin-g llú-u sam cófi?

Sugar and cream?
¿Azúcar y crema (leche)?
siúga-r an-d crím?

Please open your luggage.
Por favor, abra su equipaje.
Plís óupen llúar lóguech

Where are you coming from?
¿De dónde procede usted?
Juéar ar llú-u caming fro-m?

At what time does the plane leaves, please?
¿A qué hora sale el avión, por favor?
At uát táim dos de pléi-n lí-iv-s, plí-is?

Which gate is the flight leaving from?
¿Por cuál puerta está saliendo el vuelo?
Uích guéi-t is da flái-t lí-iving fram?

At what time is Flight 203 arriving?
¿A qué hora está llegando el vuelo 203?
At uát táim is flái-t tú-óu-zri arrái-ving?

Can you tell me where I can find a taxi?
¿Puede usted decirme dónde puedo encontrar un taxi?
Can llú-u tel mi uéar ái can fáin-d ei táxi?

How many bags can I take with me?
¿Cuántas maletas puedo llevar conmigo?
Jáo méni bag-s can ái téi-k wiz mi?

Capítulo 19

LAS HORAS DEL DÍA

Todo tiene su momento oportuno; hay un tiempo para todo lo que se hace bajo el cielo.
—Eclesiastés 3:1

There is a time for everything, and a season for every activity under heaven.
—Ecclesiastes 3:1

Todos los hispanos conocemos la famosa "hora americana" en la que hay una exacta puntualidad dentro del compromiso adquirido, contrario a nuestra excusable "hora dominicana", "hora cubana", "hora puertorriqueña", "hora mejicana", "hora peruana", "hora colombiana", etc., en la que 'inevitablemente' se llega tarde, y ha llegado a convertirse en un tema jocoso.

Personalmente creo que, no importa la nacionalidad, la práctica de llegar tarde a cualquier compromiso, es una falta de respeto hacia la otra persona. Lo más importante es que si usted quiere progresar dentro del sistema de vida estadounidense, la única hora que cuenta es la "hora americana". Y para eso, necesitamos estudiar el reloj y sus horas en inglés.

Técnicamente hablando, un reloj es un **clock** (*clák*) y si vamos a decir la hora, debemos decir el número de la hora y después decir **"o'clock"** (*o' clák*), que es una abreviatura de la frase "hora del reloj". En la vida real, esto se usa cada vez menos, y usualmente sólo decimos el número de la hora y los minutos antes o después de dicha hora, sin decir **o'clock**.

Es importante saber que en inglés, **clock** es un reloj de pared, de piso o integrado a un aparato eléctrico, pero el reloj de pulsera o muñeca se llama **watch** (*uát-ch*).

En los Estados Unidos, las horas del día se miden en 12 horas (1 al 12). Si usted proviene de un país donde se utilice un horario de 24 horas (del 1 al 24) debe acostumbrarse al nuevo sistema.

Al preguntar sobre la hora

What time is it?	*Uát táim is it?*	¿Qué hora es?
Can you give me the time?	*Can llú-u guív mi da táim?*	¿Puede darme la hora?

Al contestar sobre la hora

La manera más corriente de decir la hora a otra persona, si ésta nos la preguntara, es simplemente decir la hora y minutos en números:

Six, forty four	*six fórti fóar*	Seis cuarenta y cuatro
Ten, thirty two	*ten zérti tú-u*	Diez y treinta dos

Algunas personas añaden el p.m. (pasado meridiano, es decir, por la tarde, después de las 12 del mediodía) o el a.m. (ante meridiano, o sea, por la mañana, antes de las 12 del mediodía).

Ten, forty two a.m.	*ten zérti tú-u, éi em*	Diez y cuarenta y dos en la mañana
Six, forty four, p.m.	*six fórti fóar, pí em*	Seis y cuarenta y cuatro en la tarde

Pero también se usan otras maneras:

1) Para decir una hora en que falten minutos para llegar a la hora exacta, decimos:

Ten minutes to four	*ten mínut-s tu fóa-r*	Faltan diez minutos para las cuatro

E inclusive, nos ahorramos el **minutes**:

Ten to four	*ten tu fóa-r*

2) Para decir una hora en que ya es pasada la hora exacta, decimos:

Fifteen minutes past eight	*fíftin mínut-s pás-t éit*	Quince minutos pasadas las ocho.

También se dice **"after"**, en lugar de **"past"**.

Five minutes after nine	*fái-v mínut-s áfte-r náin*	Cinco minutos después de las nueve.

O nos ahorramos los **minutes**:

Five after nine….
Fifteen past eight…etc.

3) En español, usamos mucho los "cuartos" de hora. En inglés, también se usan los llamados **quarters** (*cuóre-r*):

Quarter to seven	*cuóre-r tu séven*	Un cuarto para las siete

Quarter past two	*cuóre-r pás-t tú-u*	Un cuarto pasadas las dos
Quarter after five	*cuóre-r áfte-r fái-v*	Un cuarto pasadas las cinco

4) Lo mismo sucede con las "medias horas", en cuyo caso usamos la palabra **half** (*jáf*), que significa "mitad" o "media".

Half past one	*jáf pás-t uán*	Una y media (media pasada la una)
Half after nine	*jáf áfte-r náin*	Nueve y media (media después de las nueve)

El "noon"

Las doce del mediodía es el **noon time** para los estadounidenses. Eso las distingue de las doce de la medianoche (**midnight**). Y es por eso que las horas de la tarde, es decir, pasado el mediodía, se conocen como **afternoon** ("after noon", pasado el **noon**).

Horarios de trabajo en Estados Unidos

La mayoría de los empleos en Estados Unidos pagan los salarios basados en las horas de trabajo y, en ese caso, cada minuto de su tiempo de trabajo cuenta para su empleador. Este tipo de trabajo se conoce como un trabajo de **9 to 5**, *náin tu fái-v*, "de nueve a cinco" (9:00 am a 5:00 pm).

Dependiendo del tiempo que le den para almorzar, en la mayoría de las ocasiones, se empieza a laborar a las 8:00 am. No importa cómo se describa o a la hora que usted empiece, el día de trabajo es de 8 horas de labor, con 15 minutos de descanso (**"break"**, *bréik*) por la mañana y 15 minutos por la tarde. Usualmente, si su tiempo de almuerzo es pagado por el empleador, es de sólo media hora.

El 24/7

El 24/7 es una expresión de uso reciente que oirá con frecuencia a los estadounidenses cuando quieren decir que algo funciona, opera, está abierto o trabaja continuamente, es decir **24/7** *tuénti fóar séve-n* (veinticuatro/siete), para indicar 24 horas del día, los 7 días de la semana.

The store is open 24/7.   *Da s-tóar is óupen tuénti fóar séve-n*
La tienda está abierta veinticuatro/siete.
The phone lines are available 24/7.   *Da fóun laín-s ar avéilabol 24/7*
Las líneas telefónicas están disponibles 24/7.

Yo te daré a ti y a tu descendencia, para siempre, toda la tierra que abarca tu mirada.
—Génesis 13:15

All the land that you see I will give to you your offspring forever.
—Genesis 13:15

Los adverbios son aquellas palabras que ayudan a describir el verbo o adjetivo que le siguen, porque son palabras que indican "cómo", "con qué frecuencia", "de qué manera" se *hace* lo que el verbo o el adjetivo describen.

Hay adverbios de modo, lugar, cantidad y tiempo, entre otros.

Adverbios de modo

De la misma manera que en español convertimos en adverbios muchos adjetivos con tan sólo añadir la terminación "mente", en inglés conseguimos lo mismo añadiendo la terminación "**ly**".

Ejemplos:

Strong	*s-tróng*	Fuerte	Strongly	*s-tróng-li*	Fuertemente
Possible	*pósibel*	Posible	Possibly	*pósibli*	Posiblemente
Delicate	*déliqueit*	Delicado o delicada	Delicately	*déliqueit-li*	Delicadamente
Clear	*clíar*	Claro o clara	Clearly	*clíar-li*	Claramente
Year	*llíar*	Año	Yearly	*llíar-li*	Anualmente
Deep	*díp*	Profundo	Deeply	*díp-li*	Profundamente
Slow	*s-lóu*	Lento o Despacio	Slowly	*s-lóu-li*	Lentamente
Free	*frí-i*	Libre	Freely	*frí-ili*	Libremente
Happy	*jápi*	Feliz	Happily	*jápi-li*	Felizmente
Bad	*bád*	Malo o mala	Badly	*bád-li*	Malamente

Adverbios de lugar

Estos adverbios indican la ubicación de algo o alguien en relación a otro. Para su sorpresa, aquí encontrará dos de ellos ("**in**" y "**on**"), que también encontrará como adverbios de tiempo, pero ahora los usará para expresar un lugar o posición. Esto es otro ejemplo de palabras en inglés con más de un significado, pero también es una indicación de que el inglés no es un idioma tan reglamentado como el español, y que el uso, costumbre y práctica del mismo le irán dando la confianza para usarlo debidamente.

Los adverbios de lugar más usados en inglés son: **here, there, in, on, above, far, out, behind** y **below**.

De ellos los más frecuentes son **"here"** y **"there"**:

Here	*jíar*	**Aquí (o acá)**

Here is my Bible.	ó	My Bible is here.
Jíar is mái báibel		*Mái báibel is jíar*
Aquí está mi Biblia.		Mi Biblia está aquí.

Please, come here.		The papers are over here.
Plís, kóm jíar		*da péiper-s ar óuver jíar*
Por favor, ven acá.		Los papeles están acá.

There   *déa-r*   **Allí (o allá)**

(Esta es una de las palabras con más de un significado o uso. Además de "allí", como adverbio de lugar, se usa también como pronombre ("hay") al principio de una oración.

Ejemplo: **There is a charge for service** - *déa-r is éi chár-ch for sér-viz* - Hay un cargo por servicio.

Como adverbio de lugar:

There are our friends	Our friends are over there
Déa-r ár áuar frénd-s	*áuar frénd-s ár óuver déa-r*
Allí están nuestros amigos	Nuestros amigos están allá

In   *in*   **en, dentro**

Please give me the book which is in front of you.
Plís guív mi da búk uích is in front of Ilú-u Por favor, dame el libro que está al frente de ti.

The dog is in his doghouse.   *Da dag is in jís dag jáu-s*
El perro está en su perrera.

On   *on*   **arriba de / sobre**

Please give me the book which is on top of the radio.
Plís guív mi da búk uích is on top of da réidio Por favor, dame el libro que está sobre la radio.

I like onions on my steak. *Ái láik ánion-s on mái s-téik*
A mí me gustan las cebollas sobre mi bistec.

Above   *abóuv*   Sobre

My apartment is the one above the restaurant.
Mái apárt-ment is de uán abóuv da résteran-t   Mi apartamento es el que está
sobre el restaurante.

I live in a floor above yours.   *Ái lív in ei flóar abóuv llúar-s*
Yo vivo en un piso sobre el tuyo.

Behind   *bijáin*   Detrás

My apartment is the one behind the church.
Mái apárt-ment is de uán bijáin da chér-ch Mi apartamento es el que está detrás de la
iglesia.

He is falling behind in the race.
Jí is fólin bijáin in da réi-z   Él se está quedando atrás en la carrera.

Below   *bílou*   Debajo

My apartment is the one below the penthouse.
Mái apárt-ment is de uán bílou da pen-t-jáus   Mi apartamento es el que está
debajo del penthouse.

There are people waiting below.   *Déar ar pípol uéting bílou*
Hay personas esperando abajo.

Far   *far*   Lejos

My apartment is not very far.   *Mái apárt-ment is nat veri far*
Mi apartamento no está muy lejos.

Katherine traveled very far.   *Ka-zérin trável-d veri far*
Katherine (Catalina) viajó muy lejos.

Out   *áut*   Afuera

My father went out.   *Mái fáder uén-t áut*   Mi padre salió [afuera].
The chairs are out in the balcony.   *Da chéar-s ar áut in da bál-coni*
Las sillas están afuera en el balcón.

Adverbios de cantidad y tiempo

Sólo nos faltan los adverbios de cantidad y tiempo para que podamos desenvolvernos con facilidad en inglés. Con cantidad y tiempo
nos referimos a las palabras (los adverbios) que usamos para identificar el "cuándo" de situaciones y momentos, o identificar genéricamen-
te a "cuánto" de algo nos estamos refiriendo en la conversación. Esto

no debe confundirse con las medidas de volumen o el estado climatológico, a los cuáles, muchas veces, nos referimos como "cantidad" o "el tiempo".

Adverbios de cantidad de los más usados

Little   *lít-el*

Just give me a little of rice.
llós-t guív mi e lít-el ráis
Sólo dame un poco de arroz.

Poco (o pequeño)

Little Joe has graduated.
lít-el llóu jás graduéite-d
El pequeño Joe se ha graduado.

Much   *móch*

That is too much.
dát is tú móch
Eso es demasiado (mucho).

Mucho

Much time has passed.
móch táim jas pás-d
Mucho tiempo ha pasado.

Too   *tú*

I ate too much.
ái éit tú móch
Yo comí demasiado.

Demasiado

It is too cold outside.
it is tú cóul-d autsái-d
Está demasiado frío afuera.

Very   *véri*

I am very happy.
ái am véri jápi
Yo estoy muy (demasiado) feliz.

Muy

God loves you very much.
Gad lóv-s llú véri móch
Dios te ama mucho.

Almost   *ólmous-t*

He almost drowns in the lake.
Jí ólmous-t dráon-s in da léi-k
Él casi siempre está tarde.

Casi

They almost loose the plane.
Dei ólmous-t lús-s da pléi-n
Ellos casi pierden el avión.

More   *móa-r*

I want a little more water.
Ái uán-t éi lít-el móa-r uórer
Quiero un poco más de agua.

Más

She needs more time.
s-chí ní-ids móa-r táim
Ella necesita más tiempo.

Enough   *ináf*

You ate enough bread.
Llú-u éit ináf bré-d
Comiste demasiado pan.

Suficiente o demasiado

I heard enough of that.
ái jér-d ináf of dát
Oí suficiente de eso.

Llú-u éit ináf bré-d
Comiste demasiado pan.

ái jér-d ináf of dát
Oí suficiente de eso.

Mostly   *móust-li*   Principalmente

Our bodies are mostly water.
Áuar bádi-s ar móust-li uórer
Nuestros cuerpos son principalmente agua.

The students are mostly boys.
Da s-túdent-s ar móust-li bóis
Los estudiantes son principalmente niños.

"Some" y "any"

No hemos colocado estos dos adverbios entre los más usados porque ellos son *más* que usados y necesitan que le dediquemos más atención. Prácticamente son palabras de uso diario para un millón de situaciones en que queremos describir cierta cantidad de algo, quizá contable o enumerable, quizá imposible de contar, pero cada una tiene una característica muy especial. Una es optimista y la otra es pesimista.

Some   *som*   Algo, algunos

Este es el adverbio optimista. Se usa en frases afirmativas. Por ejemplo:

There is some pizza left in the box.
  Queda algo de pizza en la caja.
Déa-r is som pí-iza léf-t in da bax

There are some pencils in the drawer.
  Hay algunos lápices en la gaveta.
Déa-r ar som pen-cil-s in da dró-er

Some también es útil para ofrecer o brindar algo.

Would you like some coffee?
  ¿Le gustaría tomar algo de café?
Wúd llú-u lái-k som cá-fi?

Would you like to listen to some music?
  ¿Le gustaría escuchar alguna música?
Wúd llú-u lái-k tu lísen tu som miú-sik?

Any   *éni*   Alguno, ninguno

Esta es la pesimista de las dos palabras. Se usa para frases de tipo negativo. Por ejemplo:

There isn't any pizza left in the box.
  No queda ninguna pizza en la caja.
Déa-r ísen-t éni pí-iza léf-t in da bax

There aren't any pencils in the drawer.   *Déa-r áren-t éni pen-cil-s in da dró-er*
No hay ningunos lápices en la gaveta.

Diferencia entre "Too" y "Very"

"**Too**" y "**very**" ("demasiado" y "muy"), son dos palabras que a veces tienden a ser usadas en una misma situación. Sin embargo, hay una diferencia leve entre ambas.

"**Too**" (demasiado) se usa cuando queremos indicar que hay un exceso o se produjo algo que causó algún tipo de malestar o problema (Por ejemplo: **I ate too much, It is too cold**). Ambas son situaciones que causan ese malestar o problema.

"**Very**" (muy) algunas veces se usa también para indicar "demasiado", además de "muy", pero por lo regular, es un "demasiado" que no causa malestar o problema alguno (Por ejemplo: **I am very happy, God loves you very much**).

Adverbios de tiempo

Los adverbios de tiempo más usados en inglés son: **ago, always, again, early, forever, late, never, now, sometimes, soon, suddenly, today, tomorrow** y **yesterday**.

Ago   *agóu*   Atrás (en el tiempo)
Julio came to this city two years ago.   *Júlio quéim tu dis citi tú-u llíar-s agóu*
   Julio vino a esta ciudad dos años atrás (hace dos años).

Always   *ol-uéis*   Siempre
Magaly always cooks on Saturdays.   *Magaly ol-uéis kúk-s on sáterdei*
   Magaly siempre cocina los sábados.

Again   *aguéi-n*   De nuevo (otra vez)
I lost the bus again.   *Ái lós-t da bós aguéi-n*   Perdí el autobus otra vez.

Early   *é-erli*   Temprano
Bible class is always early on Sundays.   *Bái-bel clás-s is ol-uéis é-erli on sándeis*
   Las clases bíblicas son siempre temprano los domingos.

Late   *léit*

Don't be late for your work.
  No estés tarde para tu trabajo.

Tarde

Dón-t bi léit for llú-r uérk

Never   *né-ver*

I never miss a service in my church.
  Yo nunca pierdo un servicio en mi iglesia.

Nunca

Ái né-ver mís-s a sérviz in mái chér-ch

Now   *náo*

There is no better time than now to do it.
  No hay mejor momento que ahora para hacerlo.

Ahora

Déa-r is nóu be-ter táim dán náo tu dú it

Sometimes   *sam-táim-s*

Sometimes I go to sleep late watching TV.
  Algunas veces me duermo tarde mirando TV.

Algunas veces (o "a veces")

Sam-táim-s ái góu tu s-líp léit uáching tiví

Soon   *s-sún*

Alberto will be speaking English very soon.
  Alberto estará hablando inglés muy pronto.

Pronto

Álber-tou uíl bi s-píking íngli-sh véri s-sún

Suddenly   *sádenli*

The lights went out suddenly.
Da láit-s uén-t áut sádenli
Las luces se apagaron de repente.

De repente

"Yesterday", "today" y "tomorrow"

Estos tres adverbios son muy importantes, porque nos indican tres días de la semana, sin mencionar el nombre del día: ayer, hoy y mañana.

Yesterday   *lléster-déi*

I went to the supermarket yesterday.
  [Yo] fui al supermercado ayer.
I saw my father yesterday.
  Vi a mi padre ayer.

Ayer

Ái uén-t tu da supermárket lléster-déi

Ái só mái fáder lléster-dei

Today   *tudéi*

I will buy that book today.   *Ái uíl bái dát búk tudéi*
Melissa is coming today.   *Melí-sa is cáming tudéi*

Hoy

Yo compraré ese libro hoy.
Melisa viene hoy.

Tomorrow	*tumárrou*	**Mañana**

Please, come and see me tomorrow.   *Plís, kóm an-d s-sí mi tumárrou*
Por favor, ven a verme mañana.

Tomorrow is Thursday.   *tumárrou is zérs-déi*   Mañana es jueves.

"At", "on" e "in" como adverbios de tiempo

"**At**" se usa cuando quiere expresar la hora exacta, o si se refiere a una hora en la noche. "**On**" se usa con los días de la semana. "**In**" se usa para expresiones genéricas de partes del día (la mañana, la tarde, etc.).

Ejemplos:

I will see you at 3:00 o'clock this afternoon.
Ái uíl sí-i llú-u at zrí o'clak dís afternú-un
Te veré a las tres esta tarde.

Meet me in the club at 8:00 at night.
Mít mi in da clób at éit at náit
Encuéntrame en el club a las 8 esta noche.

The church services are on Sundays.
De chérch services ar on sóndeis
Los servicios de la iglesia son los domingos.

Eduardito went to the beach in the morning.
Eduardito uént tu da bí-ich in da mórning
Eduardito fue a la playa por la mañana.

Los comparativos y superlativos

Hay varios adverbios que deben estudiarse con el propósito de saber cómo usar la palabra apropiada según querramos comparar algo con otra cosa o expresar su mayor importancia.

ADVERBIO			COMPARATIVO			SUPERLATIVO		
Well	*uél*	Bien	Better	*béter*	Mejor	Best	*bés-t*	Mejor
Badly	*bádli*	Pobremente	Worse	*uér-s*	Peor	Worst	*uérs-t*	El peor
Little	*lít-el*	Poco	Less	*lés*	Menos	Least	*lís-t*	El menor
Much	*móch*	Mucho	More	*móar*	Mas	Most	*móus-t*	El que mas

EJERCICIO: LOS ADVERBIOS

Hace varios capítulos que no hacemos un ejercicio. A esta altura del estudio, ya usted debe realizar la misma rutina, pues su interés debe ir creciendo según aprende más y más palabras. De todas maneras, para hacer honor a nuestro escudo heráldico que reza "repetición y práctica", no está de más que hagamos otro, en esta ocasión, con las palabras estudiadas en el capítulo anterior sobre los adverbios.

¿Recuerda cómo? A la derecha de cada palabra en inglés, escriba su significado en español y repita varias veces cada palabra...en inglés.

Front_____

Radio_____

Apartment_____

Below_____

Ate_____

Very_____

Always_____

Cook_____

Never_____

Soon_____

Sleep_____

Club_____

Worst_____

Least_____

Better_____

Less_____

Services_____

Today_____

Yesterday_____

Top_____

Above_____

Behind_____

Far_____

Outside_____

Love_____

Early_____

Late_____

Now_____

Work_____

Speaking_____

Beach_____

More_____

Most_____

Worse_____

Meet_____

Morning_____

Tomorrow_____

El Señor, su Dios, los ha hecho tan numerosos que hoy son ustedes tantos como las estrellas del cielo. ¡Que el Señor, el Dios de sus antepasados, los multiplique mil veces más, y los bendiga tal como lo prometió!

—Deuteronomio 1:10-11

The Lord your God has increased your numbers so that today you are as many as the stars in the sky. May the Lord, the God of your fathers, increase you a thousand times and bless you as he has promised!
—Deuteronomy 1:10-11

¡Buenas noticias! Al igual que en español, el plural de la mayoría de los sustantivos (sujetos) en inglés se forma con solo añadir una "**s**". En algunos casos, se añade "**es**" o "**ies**" y, rara vez, hay que usar palabras diferentes.

Cómo se forman los plurales

1) Si el sujeto o sustantivo termina en una vocal, sólo añada una "**s**":

Bible	*báibel*	Biblia	=	**Bibles**	*báibel-s*	Biblias
House	*jáus*	Casa	=	**Houses**	*jáuses*	Casas
Tea	*tí*	Té	=	**Teas**	*tí-is*	Teses
Radio	*réidiou*	Radio	=	**Radios**	*réidious*	Radios

2) Si el sujeto termina en una consonante que no sea "**s**", "**ch**", "**x**", "**y**" o "**z**" [Note que son las "s", "ch", y las tres últimas letras del abecedario, sólo añada "**s**" igual que con las vocales:

Room	*rú-um*	Habitación	=	**Rooms**	*rú-ums*	Habitaciones
Can	*can*	Lata	=	**Cans**	*cans*	Latas
Word	*güér-d*	Palabra	=	**Words**	*güér-ds*	Palabras

3) Si el sujeto termina en la consonante "**y**" después de una vocal, sólo añada una "**s**" igual que con las vocales:

Boy	*bói*	Niño	=	**Boys**	*bóis*	Niños
Day	*déi*	Día	=	**Days**	*déis*	Días

[Note que en los tres casos anteriores sólo tiene que añadir una "s"]

Si el sujeto termina en la consonante "y" después de otra consonante, elimine la "y", y añada "ies":

| Party | *pári* | Fiesta | = | Parties | *pár-is* | Fiestas |
| Baby | *béibi* | Bebé | = | Babies | *béibis* | Bebés |

Si el sujeto termina en una consonante "s", "ch", "x" o "z" [Note que son las consonantes que necesitan expulsar aire a través de los dientes para pronunciarlas, sólo añada "es":

Kiss	*kís*	Beso	=	Kisses	*kíses*	Besos
Fox	*fáx*	Zorra	=	Foxes	*fáxes*	Zorras
Beach	*bí-ich*	Playa	=	Beaches	*bí-iches*	Playas

Si el sujeto o sustantivo termina en "f" o en "fe", elimine la "f" o el "fe" y añada "ves":

| Life | *lái-f* | Vida | = | Lives | *láiv-s* | Vidas |
| Calf | *cal-f* | Becerro | = | Calves | *cálv-s* | Becerros |

Los plurales cambiantes

Algunos sujetos cambian totalmente para pasar del singular al plural. Estos deben ser aprendidos y recordados según los encuentre. Como dijimos ya, afortunadamente son muy pocos. Los más frecuentes son:

Man	*man*	Hombre	=	Men	*men*	Hombres
Woman	*wúman*	Mujer	=	Women	*uímen*	Mujeres
Tooth	*tú-z*	Diente	=	Teeth	*tí-z*	Dientes
Foot	*fút*	Pie	=	Feet	*fít*	Pies

Finalmente, hay otros pocos que no cambian del singular al plural, como "fish" que significa pez o peces.

Capítulo 22

CÓMO PREGUNTAR

Al cabo de tres días lo encontraron en el templo, sentado entre los maestros, escuchándolos y haciéndoles preguntas. Todos los que le oían se asombraban de su inteligencia y de sus respuestas.
—Lucas 2:46-47

After three days they found him in the temple courts, sitting among the teachers, listening to them and asking them questions. Everyone who heard him was amazed at his understanding and his answers.
—Luke 2:46-47

Es importante saber expresar una pregunta, especialmente, cuando una persona está de viaje en un país extranjero, o si ha emigrado, porque al principio desconocemos lo que nos rodea y, por ende, nos veremos obligados a preguntar. Por otro lado, los estadounidenses son los seres que más preguntan y, por tanto, es importante que dominemos este arte de la interrogación, si queremos comunicarnos con ellos.

La mayoría de las preguntas en inglés se hacen igual que en español, donde casi siempre se hace uso de las palabras interrogativas: qué, quién, cuál, dónde, cuándo, cómo, cuánto o por qué.

Me place decirle que en inglés sucede igual. Para cada una de esas palabras interrogativas hay una en inglés. Más abajo las detallaré.

Pero primero, estudiemos las preguntas que se hacen con los comunes verbos: **To do** y **To be**. Es importante recordar que si va a escribir la oración interrogativa, en inglés sólo se usa el signo de interrogación al final de la oración (?) y ninguna al inicio como en español (¿ ?).

Preguntas con "to do" (hacer)

Si el verbo no es **"to be"** (ser o estar), simplemente inicie la pregunta con **"do"** (o **"does"** si es una tercera persona: **He, She, It** antes del verbo.

Do you love me ?	*dú llú-u láv mi?*	¿Me amas? o ¿me quieres?
Does he go to church?	*dós jí góu to chér-ch?*	¿Va él a la iglesia?
Does she speak English?	*dós s-chí s-pík íngli-sh*	¿Habla ella inglés?
Do I know you?	*dú ái nóu llú-u?*	¿Te conozco?

Preguntas con "to do" en pasado

Sólo tiene que usar **"did"** (pasado de **"do"**) donde antes usó **"do"**. Y como ya **"did"** está en tiempo pasado, debe usar el verbo en tiempo presente.

Did he go to church?	*díd jí góu to cherch?*	¿Fue él a la iglesia?
Did she study today?	*did s-chí s-tódi túdei?*	¿Estudió ella hoy?
Did they visited the Pastor?	*díd déi s-tódi túdei?*	¿Visitaron ellos al Pastor?

Preguntas con "to be" (ser o estar)

Si no recuerda bien las conjugaciones de **"to be" (am, is, are)**, por favor, regrese a esa lección y repásela antes de continuar.

Para preguntar usando este verbo, empiece la oración con la forma del verbo que corresponda y sígala con el sujeto de la oración.

Is he reading the book?	*Is jí rídin da búk?*	¿Está él leyendo el libro?
Am I driving too fast?	*am ái dráivin tú fás-t?*	¿Estoy guiando demasiado rápido?
Are they ready for church?	*are déi rédi for cherch?*	¿Están ellos listos para la iglesia?

Preguntas con el pasado de "to be"

Esto es tan sencillo que no necesita explicación. Simplemente, use el pasado de **"is"** y **"are"** (**"was"** y **"were"**) tal como usó su forma presente.

Was she in the kitchen?	*uós s-chí in da kíchen?*	¿Estaba ella en la cocina?
Were they on time?	*úear déi on táim?*	¿Estuvieron ellos a tiempo?
Was I driving too fast?	*uós ái dráivin tú fast?*	¿Estaba yo guiando muy rápido?

El uso de las palabras interrogativas

A los estudiantes de periodismo se les enseña que todo artículo periodístico debe responder a las preguntas: **Qué, Quién, Cuándo, Dónde, Cómo** y **Por qué**. Son preguntas que se puede hacer mentalmente el lector sobre el tema escrito.

Para que podamos hacer preguntas en inglés sin equivocarnos, debemos añadir "Cuál" y "Cuánto" a esa lista, y dominarla como si fuéramos periodistas.

What?   juát?   ¿Qué?

What are you doing?	*Juát ar llú-u dúin-g*	¿Qué estás haciendo?
What street is this?	*Juát s-trít is dís?*	¿Qué calle es ésta?
What is your name?	*Juát is llúor néim?*	¿Qué nombre tienes? (¿Cómo te llamas?)
What time is it?	*Juát táim is it?*	¿Qué hora es?

Who? Jú?   ¿Quién?

Who gave the service?	*Jú guéi-v da servíz?*	¿Quién dio el servicio?
Who said that?	*Jú sed dát?*	¿Quién dijo eso?
Who is that person?	*Jú is dát person?*	¿Quién es esa persona?

Whom? (Extensión de "Who") Jú-um? ¿Quién?

Cuando se va a usar **Who** después de una preposición, se debe usar **Whom**.

For whom is that package?	*For jú-um is dat pákech?*	¿Para quién es ese paquete?
With whom are you going?	*Uíz jú-um ar llú-u goín?*	¿Con quién estás yendo?
To whom are you speaking?	*To jú-um ar llú-u s-píkin?*	¿A quién le hablas?

Whose? (Extensión de "Who") Jú-us? ¿De quién?

Note que **Whose** significa "¿De quién?", y no "¿Quién?".

Whose coat is this?	*Jú-us cóut is dis?*	¿De quién es este abrigo?
Whose CD is that?	*Jú-us cí-dí is datí?*	¿De quién es ese CD?

Which?   Juích?   ¿Cuál?

Which is my seat?	*Juích is mái sít?*	¿Cuál es mi asiento?
Which are their books?	*Juích ar déir books?*	¿Cuáles son los libros de ellos?
Which is your house?	*Juích is llú-uar jáuse?*	¿Cuál es tu casa?

Where?   Juéar?   ¿Dónde?

Where do you live?	*Juéar du llú-u lív?*	¿Dónde vives? ¿Dónde vive usted?
Where is my Bible?	*Juéar is mái Bái-bel?*	¿Dónde está mi Biblia?
Where are they?	*Juéar ar déi?*	¿Dónde están ellos?

When?   Juén?   ¿Cuándo?

When is the service?	*Juén is da serviz?*	¿Cuándo es el servicio?
When did you go?	*Juén did llú-u góu?*	¿Cuándo fuiste?

When will you come to church? *Juén uíl llú-u cóm tu cherch?* ¿Cuándo vendrás a la iglesia?

How? *Jáo?*   Usualmente es "¿Cómo?"

How are you?	*Jáo ar llú-u?*	¿Cómo estás?
How do you do that?	*Jáo dú llú-u dú dat?*	¿Cómo haces eso?
How is your mother?	*Jáo is llúar máder?*	¿Cómo está su madre?
How much?	*Jáo móch?* (Extensión de "How")	¿Cuánto?
How much is it?	*Jáo moch is it?*	¿Cuánto cuesta?
How much is this?	*Jáo moch is dís?*	¿Cuánto cuesta esto?
How much is that	*Jáo moch is dat?*	¿Cuánto cuesta aquello?
How much more to get there?	*Jáo moch móar tu guet déar?*	¿Cuánto más falta para llegar allá?

Why? *Juái?*   ¿Por qué?

Why is the baby crying?	*Juái is da béibi cráin-g?*	¿Por qué está llorando el bebé?
Why did you do that?	*Juái did llú-u dú dat?*	¿Por qué hiciste eso?
Why are you still in bed?	*Juái ar llú-u s-tíl in bed?*	¿Por qué estás todavía en la cama?

Cómo contestar las preguntas

Por lo regular, las preguntas que se hacen con **"Why?"** (¿Por qué?) se contestan empezando con **"because"**, *bicóz*, (porque).

Ejemplos: Contestemos las tres preguntas de arriba en el mismo orden:

Because he is hungry.	*Bicóz jí is jóngri*	Porque él tiene hambre.
Because I had the time.	*Bicóz ái jad da táim*	Porque yo tenía el tiempo.
Because I am sick.	*Bicóz ái am sík*	Porque estoy enfermo (o enferma).

Las preguntas que se hacen empezando con los verbos **"to do"** o **"to have"**, se contestan fácilmente de una manera muy rápida y corta. Sólo basta repetir el auxiliar con el que se hizo la pregunta tras afirmar o negar la pregunta.

Ejemplos:

P: Did you study your homework?   *Did llú-u s-tódi llú-ur jóm-uerk?*
¿Estudiaste tu tarea (o asignación)?

R: Yes, I did.	*Llés, ái díd*	Sí, lo hice.
P: Do you have a cellular phone?	*Dú llú-u jáv e célular fóun?*	
¿Tienes un teléfono celular?		
R: No, I don't.	*Nóu, ái dón-t*	
No, no lo tengo (aunque aquí no se expresa el verbo tener. Sólo la negación).		
P: Have you visited New York?	*Jáv llú-u visit-d Niú Llork?*	
¿Has visitado New York?		
R: Yes, I have. *Llés, ái jáv.*		Sí, lo he hecho.
P: Had she been here before?	*Jád s-chí bí-in jíar bifóar?*	
¿Había ella estado aquí antes?		
R: No, she had not.	*Nóu, s-chí jád not*	
No, ella no había estado.		

Atención con ese "SI".

Contestar con un sí o no solamente es señal de mala educación, tanto en español como en inglés. Siempre debemos contestar **"yes"** o **"no"**, pero a continuación debemos continuar la frase añadiendo que cosa estamos afirmando o negando. Eso es cortesía elemental.

Pero con "si" tenemos un problema adicional en inglés, que no tiene que ver con una respuesta ni con la cortesía. La afirmación "si" tiene dos maneras distintas de decirse en inglés, según la interpretación gramatical: **"Yes"** (sí), pero también **"If"** (si).

Si queremos contestar afirmativamente algo con "sí", entonces debemos usar el **"yes"**.

Pero *si* la situación fuera diferente...*si* yo fuera usted, lo pensaría dos veces antes de hablar. ¿Leyó bien esta oración? Tiene un "si" en dos lugares, pero no como una respuesta en lo afirmativo, sino como una conjunción, en este caso de tipo condicional, algo así como una suposición. En estos casos, en inglés, se usa **"if"** en lugar de **"yes"**.

Veamos algunos ejemplos:

La respuesta afirmativa:

Yes, I will go to the church's service.	*Llés, ái uíl góo tu da cherch-s ser-viz*	
Sí, iré al servicio en la iglesia.		
Yes, I believe in God.	*Llés, I bilí-v in Gad*	Sí, yo creo en Dios.
My answer is yes.	*Mái án-ser is llés*	Mi respuesta es sí.
Yes, of course.	*Llés, of cór-s*	Sí, por supuesto.

La conjunción condicionada:

Note el lector que este **"if"** (si) siempre implica que se hará algo, siempre y cuando suceda otra cosa antes de hacer ese algo. Es decir, está ahí bajo una condición o suposición.

If I were in your shoes...   *If ái uéa-r in llú-uar shú-us*
   Si yo estuviera en tus zapatos...

If it rains we will not go to the game.   *If it réin-s uí uíl nat góu tu da guéim*
   Si llueve no iremos al juego.

I will go tonight, if at all.   *Ai uíl góu tu-nái-t if at ól*
   Yo iré esta noche, si es que puedo.

If you were more patient...   *If llú-u uéa-r móa-r péichen-t*
   Si fueras más paciente...

Capítulo 23

La negación

Más bien, cuando des a los necesitados, que no se entere tu mano izquierda de lo que hace la derecha.
—Mateo 6:3

But when you give to the needy, do not let your left hand know what your right hand is doing.
—Mathew 6:3

En toda conversación, en cualquier idioma, hay un momento en que hay que decir "no". La negación en inglés es sumamente fácil.

Sólo hay dos reglas para negar o decir que no:

1) Si el verbo NO es **"to be"** (ser o estar) o **"to have"** (tener), sólo tiene usted que poner las palabras auxiliares **"do not"** *antes* del verbo. Y si el sujeto de la oración está en tercera persona (**He, She, It**), escriba **"does not"**. En ambas puede usar las contracciones: **don't** (*dóun-t*) o **doesn't** (*dásen-t*).

I think	*ái z-ink*	Yo pienso
I do not think	*ái du nat z-ink*	Yo no pienso
She gives	*s-chí gív-s*	Ella da
She does not give	*s-chí das nat guív*	Ella no da

Observe el ejemplo anterior. Si revisa todas las conjugaciones de verbos que este libro enseña en páginas anteriores, notará que cuando la oración está en tercera persona (**He, She, It**), el verbo siempre lleva una "**s**" al final, aunque no la lleve en las demás personas.

Pero cuando usa el auxiliar **"does"** para negar, ya el auxiliar tiene la "**s**" (porque es **does** en lugar de **do**). Por lo tanto, no tiene que añadirla al verbo.

2) Si el verbo es **"to be"** (**am, is, are**) o **"to have"** (tener), simplemente añada **"not"** *después* del verbo. Se puede usar las contracciones: **"isn't"** (*ísen-t*), **"hasn't"** (*jásen-t*) o **"haven't"** (*jáven-t*).

He is a good student.	*jí is éi gúd s-tóden-t*	Él es un buen estudiante.
He is not a good student.	*jí is nat éi gúd s-tóden-t*	Él no es un buen estudiante.
I am a fast swimmer.	*ái am éi fas-t suímer*	Yo soy un nadador rápido.

I am not a fast swimmer.	*ái am nat éi fas-t suímer*	Yo no soy un nadador rápido.
I have not seen her.	*ái jáv nat sí-in jér*	Yo no la he visto.
She has not visited me.	*s-chí jás nat visited mi*	Ella no me ha visitado.

Cuidado con "No" y "Not"

Los hispanos estamos muy acostumbrados a negar diciendo simplemente: "No". "No quiero eso", "No bebo licor", "No me gusta aquello", "Él no es muy bien parecido", "Yo no salto muy alto", y así sucesivamente. Si se fija, verá que en español ponemos ese "no" *delante* del verbo.

En inglés también existe la palabra **"No"** (*nóu*), pero *jamás* se usa delante de un verbo. Memorícese que en inglés siempre se usa **"not"** (o **"does not"** para las terceras personas) después del verbo o del auxiliar **"do"**.

¿Qué pasaría si usted usa **"no"** delante de un verbo en inglés, como hacemos en español? Diría algo así:

I no want that.	Yo no querer eso.
I no drink milk .	Yo no beber leche.

Estaría usted hablando un inglés como el de Tarzán de las películas viejas.

Pero si usamos el auxiliar **"do"** y el **"not"**, como en la primera regla que le enseñamos, diría correctamente:

I do not want that	*ái du nat uán-t dat*	Yo no quiero eso
I do not drink milk	*ái du nat drin-k milk*	Yo no bebo leche

Sin embargo, sí puede usar el **"no"** en una oración, si lo coloca *delante* de un nombre o sustantivo. Por lo regular, la oración le obligará a usar el verbo **"to have"** (tener) delante del **"no"**, aunque hay excepciones.

He does not have a hat.	*jí das nat jáv é ját*	Él no tiene un sombrero.
He has no hat.	*jí jás nóu ját*	Él no tiene sombrero.
I do not have a radio.	*ái du nat jáv éi réidio-u*	Yo no tengo un radio.
I have no radio.	*ái jáv nóu réidio-u*	Yo no tengo radio.

Imposibilidad o incapacidad

Si necesita decir que no puede hacer algo, use **"can not"** *antes* del verbo.

I can not ride a bicycle.	*ái can nat rái-d éi báicikel*	No puedo montar una bicicleta.
You can not eat that.	*llú-u can nat ít dát*	Tú no puedes comer eso.

"Can" significa "poder". Al decir **"can not"**, está declarando que *no puede* hacer ese "algo".

Cómo usar la negación en tiempo pasado

Tampoco es difícil negar en tiempo pasado. Sólo tiene que escribir el pasado del auxiliar **"do"**, que es **"did"**, *antes* del verbo. En lugar de **"do not"**, escriba **"did not"**.

Pero, tiene que tener una gran precaución. Como ya el auxiliar está en pasado, el verbo no se pone en pasado, sino en presente. Observe el verbo en estas frases.

I ran very fase.	*ái ran veri fás-t*	Yo corrí muy rápido.

El verbo está en pasado **"ran"** (corrí). Pero si fuese a negar tal acción, escribiría:

I did not run very fase.	*ái did nat ron veri fas-t*	Yo no corrí muy rápido.

Observe que en la negación, el verbo **"run"** no está en pasado, porque el auxiliar **"did"** ya está en pasado. Lo mismo sucede en la siguiente frase con **"closed"** y **"close"**.

Otro ejemplo:

She closed the door.	*S-chí clóus-d de dóar*	Ella cerró la puerta.
She did not close the door.	*S-chí did nat clóus de dóar*	Ella no cerró la puerta.

Cómo usar la negación en tiempo futuroNegar en tiempo futuro es todavía más fácil. Sólo tiene que colocar la palabra **"not"** entre la palabra **"will"** y el verbo de la oración.

I will not go with you.	*ái uíl nat góu uíz llú-u*	Yo no iré contigo.
She will not cook this rice.	*s-chí uíl nat cuk dis ráis*	Ella no cocinará este arroz.
They will not see that movie.	*déi uíl nat sí dat muvi*	Ellos no verán esa película.
We will not miss church.	*uí uíl nat mís chérch*	No perderemos el ir a la iglesia.

Decir que no puede parecer fácil, pero decir un no fuera de lugar puede traer complicaciones. La próxima lección aclarará algunos puntos adicionales sobre el tema, para que usted no diga "no" cuando quiere decir "sí".

Capítulo 24

MÁS SOBRE LA NEGACIÓN

Al instante un gallo cantó por segunda vez. Pedro se acordó de lo que Jesús le había dicho: «Antes de que el gallo cante por segunda vez, me negarás tres veces». Y se echó a llorar.
—Marcos 14:72

Immediately the rooster crowed the second time. Then Peter remembered the word Jesus had spoken to him: "Before the rooster crows twice you will disown me three times." And he broke down and wept.
—Mark 14:72

En Estados Unidos la cortesía y el "no" pueden hacernos una jugarreta. Veamos una conversación típica, en cualquier país hispano, entre dos personajes inventados: don Ramón y doña Tita. Don Ramón está de visita en casa de su vieja amiga doña Tita:

Doña Tita: "Don Ramón, ¿le puedo ofrecer una tacita de café?"

Don Ramón (aunque se está muriendo de ganas por beber un poquito de café): "Ay, no, doña Tita, no se moleste."

Doña Tita: " Pero, don Ramón, si no es molestia alguna."

Don Ramón: "Doña Tita, deje eso, yo no vine para ponerla a trabajar."

Doña Tita: "Pues se lo haré en un momentito, si eso no es trabajo y usted viene poco."

Don Ramón: "Bueno, doña Tita, si usted insiste, ¡siempre tan amable!" (es lo que el pobre don Ramón quería desde el primer momento).

En nuestros países, tenemos un ritual de cortesía muy arraigado. Nos viene de las costumbres europeas, y nos cuesta trabajo aceptar algo a la primera invitación. El anfitrión o anfitriona tiene que insistir, a veces, más de una vez. Pero, ¡le tengo noticias! En Estados Unidos, el pobre don Ramón se hubiera quedado con las ganas de beber su sorbito de café.

En este país, un "no" es un no. El anfitrión invita. El invitado decide y contesta. Y lo que éste decida, es lo que el anfitrión hace. El estadounidense entiende que le dio la oportunidad de escoger, y usted escogió que no. Para sus adentros, si él insiste, usted va a aceptar, aunque no tenga deseos, y entonces usted es el que se va a sentir mal. Un "no" es un no, y no sólo aplica a cuestiones de café.

En Estados Unidos, hubiera ocurrido de esta otra manera:

<u>Tita:</u> Ramón, would you like a cup of coffee?
Ramón, wud llú-u lái-k e cop of cáfi?
Ramón, le gustaría una taza de café?

<u>Ramón:</u> That sounds very nice, yes, thank you.
Dat sáund-s veri nái-s, llés, zénk-iú
Eso se oye muy bien, sí, muchas gracias.

Y Ramón bebe su café. Pero si hubiera contestado:

<u>Ramón:</u> Oh, no, Tita. That's not necessary, thank you.
Ou, nóu, Tita, dat-s nat nece- sari, zénk-iú.
Oh, no, Tita, eso no es necesario, gracias.

Ramón se hubiera quedado sin su café. Es cuestión de costumbres. Dios bendiga las nuestras.

Evite la doble negación

Hay idiomas en donde dos negaciones en una misma frase u oración es aceptable, o de uso frecuente (aunque rara vez es gramaticalmente correcto). Por ejemplo, en español es bastante común que digamos: "Fui a la joyería y *no* compré *nada*". Analice esa oración. No comprar nada significa entonces que se compró algo.

Pero en inglés una doble negación se entiende inmediatamente como un error garrafal de quién lo dijo y es señal de pobre educación. Por ejemplo, está incorrecto decir:

I didn't see nothing   *ái díden-t sí-i názing*   Yo <u>no</u> vi <u>nada</u> (esto significaría que vi algo)

La manera correcta de decirlo en inglés sería:

I didn't see a thing.   *ái díden-t sí-i ei zing*   Yo no vi tal cosa.
I didn't see anything.   *ái díden-t sí-i énizing*   Yo no vi cosa alguna.
I saw nothing.   *ái só názing*   Yo vi nada.

Una confusión que no se necesita

Veamos algunas negaciones con el verbo **"to need"** (*tu níd*), que significa "necesitar": **I need, you need, he needs**, etc. **"Need not"** (*níd nat*) significa no necesitar o no hacer falta. **"Needn't"** (*ní-iden-t*) es la contracción de **"need not"**. Hasta aquí vamos bien. No hay confusión alguna.

You needn't bring a cake to the party.   *Llú-u ní-iden-t bríng e kéi-k tu da pári.*
No es necesario (no hace falta) que traigas un bizcocho a la fiesta.

Pero hay otra frase, para decir algo completamente distinto, que se parece mucho a la anterior, y ésta es la confusión que hay que evitar.

You didn't need to bring a cake to the party.   *Llú-u díden-t níd tu bring e kéik tu da pári.*
  Tú no tenías que traer un bizcocho a la fiesta;

No era era necesario que trajeras un bizcocho a la fiesta.

Porque **"didn't need"** es una forma pasada de **"to need"**. Y **"needn't"** es simplemente la contracción de **"need not"**. La confusión viene de esas letras finales **"ed"** de **"need"**, que parecen una forma pasada y no lo son.

En la primera oración, estamos diciendo a otra persona que *no traiga* un bizcocho. En la segunda frase, estamos diciendo a la persona que *no tenía que traer* el bizcocho.

Capítulo 25

LOS ARTÍCULOS *A, AN* Y *THE*

Haz que entre en el arca una pareja de todos los seres vivientes, es decir, un macho y una hembra de cada especie, para que sobrevivan contigo.

—Génesis 6:19

You are to bring into the ark two of all living creatures, male and female, to keep them alive with you.
—Genesis 6:19

La gramática inglesa tiene tres artículos: el artículo definido **"the"**, y los artículos indefinidos **"a"** y **"an"**.

A diferencia de los artículos en español (el, la, los, un, una, unos y unas), el artículo inglés no es masculino ni femenino (no tiene género), y sólo **"the"** se usa tanto en plural como en singular. De hecho, tanto **"a"** como **"an"** son prácticamente sinónimos de "uno" o "una".

Así que nos será bien fácil determinar cuál artículo usar siguiendo estas reglas:

1) **"A"** y **"an"** se usan exclusivamente delante de sustantivos (nombres) en singular.

2) **"A"** se usa delante de sustantivos (nombres) que empiecen con una consonante.

We looked at a photo.	*uí lúk-d at e fótou*	Nosotros miramos una foto.
Cristina is a beautiful girl.	*Cristina is e biúriful guér-l*	Cristina es una niña bonita.

3) **"An"** se usa delante de sustantivos que empiecen con una vocal o una **"h"** muda.

I am an honorary policeman	*ái am an o-norari polís-man*	Soy un policía honorario
She ate an apple	*s-chí éit an ápel*	Ella comió una manzana

4) **"The"** se usa delante de sustantivos en singular o plural que indiquen algo único y, en la mayoría de los casos, donde haya una implicación de cantidad.

The Bible is the Word of God.	*da báibel is da üer-d of gad*	
La Biblia es la Palabra de Dios.		
The teachers are here.	*da tícher-s ar jíar*	Los maestros están aquí.

Regularmente se usa **"the"** delante de un singular generalizador:

The Bible is a sacred book   *de báibel is é séicre-d búk*
La Biblia es un libro sagrado.

Delante de números ordinales en fechas:

February the second.   *Fébruari da sécon-d*   El día dos de febrero.

Y delante de nombres de países:

The United States of America *de iú-náite-d s-téit-s of américa* Los Estados Unidos de
América

Estimado lector, la paciencia tiene sus recompensas. Este es el ejercicio final que cubre palabras escritas en varios capítulos anteriores. En esos capítulos encontrará el significado en español de cada palabra, el cual debe usted escribir al lado de cada una de las que siguen a continuación. Al igual que en los ejercicios anteriores, deberá pronunciar, varias veces en inglés, cada una de esas palabras para acostumbrarse a las mismas.

Los capítulos que siguen a continuación no llevan ejercicios, porque casi todos contienen lecciones de situaciones específicas en las que usted debe estudiar cada una de las palabras. Son todas prácticamente nuevas para usted y, por lo tanto, usted mismo debe ejercitar la debida repetición y práctica de las mismas.

Tea_____	Room_____
Kiss_____	Fox_____
Life_____	Tooth_____
Teeth_____	Foot_____
Feet_____	Study_____
Visited_____	Reading_____
Driving_____	Kitchen_____
Name_____	Package_____
Coat_____	Baby_____
Crying_____	Bed_____
Hungry_____	Sick_____
Homework_____	Phone_____
Swimmer_____	Hat_____
Bicycle_____	Door_____
Rice_____	Movie_____
Photo_____	Beautiful_____
Honorary_____	Policeman_____
Word_____	Teacher_____
Sacred_____	

Capítulo 26

PALABRAS COMPUESTAS Y PALABRAS OPUESTAS

Desde entonces comenzó Jesús a predicar: «Arrepiéntanse, porque el reino de los cielos está cerca.»

—Mateo 4:17

From that time on Jesus began to preach, "Repent, for the kingdom of heaven is near."

— Mathew 4:17

Dado que el inglés tiene menos palabras que el español, los angloparlantes tienen un recurso a la mano cuando están faltos de una palabra que describa algo. Simplemente unen dos palabras para componer una que ayude a identificar lo deseado. Hace años atrás era frecuente ver las palabras compuestas separadas por un guión. Y aunque ocasionalmente se ve alguna todavía, la práctica se ha ido perdiendo.

Esto es algo muy común en este idioma y usted pronto irá descubriendo nuevas palabras compuestas por sí mismo, en adición a los ejemplos que aquí exponemos.

Milk	*milk*	Leche	= **Milkman**	*milkman*	Lechero
Man	*man*	Hombre			
School	*s-cú-ul*	Escuela	= **Schoolboy**	*s-cúu-l bói*	Escolar (muchacho)
Boy	*bói*	Niño			
Fire	*fáia-r*	Fuego	= **Firefighter**	*fáia-r fáite-r*	Bombero
Fighter	*fáite-r*	Peleador			
Foot	*fút*	Pie	= **Football**	*fút-ból*	Fútbol
Ball	*ból-l*	Bola, pelota			
Congress	*cángres-s*	Congreso	= **Congresswoman**	*cángres wú-man*	Congresista (mujer)
Woman	*wú-man*	Mujer			

Las palabras opuestas

El Señor da la riqueza y la pobreza; humilla, pero también enaltece.
—1 Samuel 2:7

The Lord sends poverty and wealth; he humbles and he exalts.
—1 Samuel 2:7

En cualquier idioma, ocasionalmente alguien nos lleva la contraria a algo que hayamos dicho. Es la naturaleza humana. De manera que es bueno saber cuáles son las palabras que significan lo opuesto a otras palabras. ¡Estar preparados es de sabios!

Heaven	*jé-even*	Paraíso	Hell	*jél*	Infierno
Angel	*éinjel*	Ángel	Demon	*dímon*	Demonio
Love	*láv*	Amor	Hate	*jéi-t*	Odio
First	*férst*	Primero	Last	*lás-t*	Último
Big	*bíg*	Grande	Small	*s-mól*	Pequeño
Good	*gú-ud*	Bueno	Bad	*bá-d*	Malo
Put	*put*	Poner	Take	*téik*	Tomar
Many	*méni*	Muchos	Few	*fiú*	Pocos
Solid	*sólid*	Sólido	Liquid	*lícui-d*	Líquido
Fast	*fás-t*	Rápido	Slow	*s-lóu*	Lento
Go	*góu*	Ir	Come	*cá-m*	Venir
Peace	*pí-is*	Paz	War	*uór*	Guerra
White	*guáit*	Blanco	Black	*blák*	Negro
Clean	*clí-in*	Limpio	Dirty	*dérti*	Sucio
North	*nór-z*	Norte	South	*sáu-z*	Sur
East	*ís-t*	Este	West	*ués-t*	Oeste
Tall	*tól*	Alto (de estatura)	Short	*s-chort*	Bajo (de estatura)
Long	*lon-g*	Largo	Short	*s-chort*	Corto
High	*jáig*	Alto (intensidad)	Low	*lóu*	Bajo (intensidad)
Profit	*prófi-t*	Ganancia	Loss	*lós-s*	Pérdida
Summer	*sáme-r*	Verano	Winter	*uínte-r*	Invierno
Cold	*cóul-d*	Frío	Hot	*ját*	Caliente
Thick	*z-ik*	Grueso (espesor)	Thin	*z-ín*	Delgado (espesor)
Friend	*frén-d*	Amigo	Enemy	*énemi*	Enemigo
Fat	*fat*	Gordo	Thin	*z-ín*	Flaco
Right	*ráit*	Correcto	Wrong	*rón-g*	Equivocado
Beautiful	*biútiful*	Bonito	Ugly	*ógli*	Feo
Left	*léf-t*	Izquierda	Right	*ráit*	Derecha

El Prefijo "un"

"**Un**" (se pronuncia *on*) es un prefijo que le gusta llevarle la contraria a la palabra delante de la cual es colocado. Es decir, le da un significado completamente opuesto a dicha palabra a la que tenía *antes* de precederla de "**un**". Viene a ser lo que en español son los prefijos "in" o "des". Por ejemplo, si en español hay algo que es todo lo contrario a ser útil, escribimos o decimos "inútil", o si queremos decir lo opuesto a "unir", añadimos "des" y conseguimos "desunir".

Ejemplos:

Kind	*káin-d*	Noble o bondadoso	Unkind	*onkáin-d*	Innoble o malo
He is a very kind person.		*Jí is a veri káin-d person*		Él es una persona muy noble.	
Tom is very unkind.	*Tom is veri onkáin-d*		Tom es muy malo (o innoble).		

Happy	*jápi*	Feliz o contento	Unhappy	*onjápi*	Infeliz
Mary looks very happy.		*Méri lúk-s veri jápi*		María luce muy feliz.	
Mary looks very unhappy.		*Méri lúk-s veri onjápi*		María luce muy infeliz.	

Otros ejemplos:

Clear	*clíar*	Claro	Unclear	*onclíar*	Turbio
True	*trú*	Cierto	Untrue	*ontrú*	Falso
Believable	*bílivabel*	Creíble	Unbelievable	*onbilívabel*	Increíble
Equal	*ícua-l*	Igual	Unequal	*onícua-l*	Desigual

Capítulo 27

LA CORTESÍA

*Ponte de pie en presencia de los mayores. Respeta a los ancianos.
Teme a tu Dios. Yo soy el Señor.*

—Levítico 19:32

*At the presence of grey hairs thou dost rise up, and thou hast
honoured the presence of an old man, and hast been afraid of thy
God; I am Jehovah.*

—Leviticus 19:32

El estadounidense educado es muy cortés, aun con los miembros de su familia inmediata. En las tiendas, los empleados son entrenados para atender a los clientes con cortesía, y son frecuentes los avisos de que si un empleado no es cortés, debe ser denunciado a la gerencia.

Por este motivo, todo estudiante del idioma debe familiarizarse con las palabras y frases de uso diario que demuestren su propia cortesía. Y en el mundo entero, la palabra o frase primordial de cortesía es "Por favor", y la segunda es "Gracias".

Please	*Plí-is*	Por favor
Thank you	*Zenk-iú*	Gracias
Thank you, very much	*Zenk-iú veri moch*	Muchas gracias
You are welcome	*Llú-u ar uél-com*	De nada
Don't mention it	*Dóun-t mén-chon it*	No es nada, no lo mencione
Don'tworry	*Dóun-t uérri*	No se preocupe
No problem	*Nóu prá-blem*	No hay problema, no es nada
My pleasure	*Máy plé-cher*	Es mi placer, el placer es mío
Excuse me	*Eks-quiús-mi*	Excúseme
I am sorry	*Ai am sórri*	Lo siento
That's okay	*Dát-s óu-kéi*	Está bien
It doesn't matter	*It dósen-t máre-r*	No importa
May I help you?	*Méi ái jelp llú-u?*	¿Me permite ayudarle?
Never mind	*Néve-r máin-d*	No le preste atención
Pardon?	*Pár-don?*	¿Perdóneme? (si no oyó)
I beg your pardon	*Ai beg lluár pár-don*	Le ruego me excuse (o perdone)
Pardon me	*Pár-don mi*	Excúseme, perdóneme
Have a nice time!	*Jáv e nái-s tái-m*	¡Que se divierta!
Take care!	*Téi-k qué-ar!*	¡Cuídese mucho!, ¡cuídate!

If you excuse me...	If llú-u eks-quiú-s mi...	Con su permiso...

Al saludar

"Cuando entren en una casa, digan primero: "Paz a esta casa."
—Lucas 10:5

"When you enter a house, first say, 'Peace to this house.'
—Luke 10:5

"¿Qué tal?" es el típico saludo catalán; "¿Cómo le va?", se reconoce como el típico saludo colombiano; "¿Qué hubo?", me recuerda a mi abuelo cubano. Pero no podemos decir que en inglés existe un saludo típico. Los hay largos y cortos, los hay antiguos y corteses, y los hay modernos y casi unisílabos, e inclusive los hay regionales, como el muy tejano: **"Howdy!"** (*jáodi*), que es un simple pero muy campestre 'hola'. También lo hay españolizado, o sea, hablar inglés a lo castellano, como el californiano: **"Was'apening"** (*guásapenin*), que es un "slang" para **"What's happening?"** (*uát-s jápe-ning?*) o ¿Qué está pasando?

Pero lo cierto es que el saludo es parte integral de la sociología estadounidense. Veamos y estudiemos algunos saludos:

Good morning, Frank, how are you?	*Gúd mórning Frank, jáo ar llú-u?*
Buenos días, Frank, ¿cómo estás tú?	

Good afternoon, Lilly, how are you doing?	*Gúd afternú-un, Lilly, jáo ar llú-u dúing?*
Buenas tardes, Lilly, ¿cómo te va?	

Good evening, Jim, how are things with you?	*Gúd ívi-ning, Jim, jáo ar zings uíz llú-u?*
Buenas noches, Jim, ¿cómo están las cosas contigo?	

En los ejemplos de arriba usted encuentra las tres formas correctas de saludar según la hora del día: "Good morning" (desde el amanecer hasta el mediodía), "Good afternoon" (desde el mediodía hasta el atardecer) y "Good evening" (desde que oscurece, durante toda la noche).

Es muy frecuente que en el saludo de "Buenos días", "...tardes" o "...noches", el estadounidense, si ya tiene confianza con la otra persona, sólo exprese el momento del día y omita el **"good"**:

'morning!	*mórning!*	Equivale a ¡buenos días!
'afternoon!	*afternú-un!*	Equivale a ¡buenas tardes!
'evening!	*ívi-ning!*	

Diferencia entre "Good evening" y "Good night"

Los hispanos decimos "buenas noches" a otra persona lo mismo al llegar o encontrarla, que al despedirnos de ella, pero en inglés hay una forma diferente para cada uno de los dos momentos:

Good evening (*Gúd ivi-ning*) se usa para *saludar* (a la llegada), después que cae la noche.

Good night (*Gúd náit*) se usa para *despedirse* de noche, como cuando usted se va de un lugar o se va a acostar.

Los tres ejemplos iniciales de más arriba (Frank, Lilly y Jim) también contienen tres saludos informales para encuentros con personas conocidas en las que no necesita la formalidad de los 'Buenos días' o 'Buenas tardes':

How are you?	¿Cómo estás?
How are you doing?	¿Cómo te va?
How are things with you?	¿Cómo están las cosas contigo?

Cómo contestar el saludo

Pregunta:	How are you?		
Respuesta:	Great, and you?	*Gréit, and Ilú-u?*	Bien, ¿y tú? (Bien, ¿y usted?)
Pregunta:	How are you doing?		
Respuesta:	Very well, thank you, and you?		*Véri uél, zanc Ilú-u, and Ilú-u*
	Muy bien, gracias, ¿y tú? (Muy bien, gracias ¿y usted?)		
Pregunta:	How are things with you?		
Respuesta:	Fine, and with you?	*Fáin, and uíz Ilú-u?*	
	Bien, ¿y contigo? (Muy bien, ¿y con usted?)		

Es usual que si, en el saludo, a usted le preguntan cómo está, además de contestar, usted dé las gracias. Si uno no está, o no se siente bien, no podemos contestar: **Fine, Great, Very well**, etc. En esos casos se contesta con una de las siguientes frases, antes de dar las gracias y preguntar cómo está la otra persona:

Not so good	*Not sóu gúd*	No tan bien
So-so	*Sou-sou*	Regular
Not so well	*Not sou uél*	No tan bien
Awful	*Oh-ful*	Terriblemente

Practique colocando estas últimas respuestas en los ejemplos anteriores, pronunciándolas en inglés.

Saludos modernos

Aparte de los saludos corteses que hemos mencionado, existen otros saludos modernos (no tan formales) que usa la gente estadounidense en su diario hablar. Veamos algunos de ellos.

What's happening?	*Uát-s japening?*	¿Qué está pasando?
Hey!	*Hey!*	Hey! (simplemente se está reconociendo la presencia del otro)
What's up?	*Uát-s op?*	¿Qué pasa? o ¿Qué tal?
How is it going?	*Jáo isit goíng*	¿Cómo te está yendo? O ¿Cómo te va?
Hi!	*¡Jái!*	¡Hola! (Usualmente sólo requiere otro Hi! de contesta).

Capítulo 28

A LA UNA, A LAS DOS Y A LAS...

Ésta fue la tercera vez que Jesús se apareció a sus discípulos después de haber resucitado.

—Juan 21:14

This was now the third time Jesus appeared to his disciples after he was raised from the dead

—John 21:14

Los números cardinales del 1 al 10 son fáciles de aprender en inglés. Es probable que también usted los conozca, pues los hispanos, a veces, los aprendemos hasta jugando o en asuntos deportivos.

La mejor manera de aprender los números en inglés es aprenderlos en tres grupos. Del 0 al 10, del 11 al 20 y las decenas 30, 40, 50, 60, etc. Tan pronto las domine, ya podrá expresar cualquier número en inglés, porque al igual que en español, cada uno le conduce al siguiente.

Grupo 1: Del 0 al 10

0	Zero	*zírou*	Cero	1 One	*uán*	Uno
2	Two	*tú-u*	Dos	3 Three	*z-ríí*	Tres
4	Four	*fóar*	Cuatro	5 Five	*fái-v*	Cinco
6	Six	*sí-ics*	Seis	7 Seven	*séven*	Siete
8	Eight	*éi-t*	Ocho	9 Nine	*nái-n*	Nueve
10	Ten	*té-n*	Diez			

Cuando usted describe un número telefónico, muchas veces el cero se describe como la letra "O", por lo que en vez de *zírou*, se dice *óu*.

My phone number is 407-333-7117. *Mái fóun nómber is fóar óu séven, z-ríí z-ríí z-ríí, seven uán uán seven.*

Mi número de teléfono es 407-333-7117.

(Aviso: Se usó el número telefónico de la editorial Casa Creación, para evitar cualquier coincidencia con un número personal o de negocios existente.)

Grupo 2: Del 11 al 20

11 Eleven	*iléven*	Once	12 Twelve	*tuél-v*	Doce	
13 Thirteen	*z-értíin*	Trece	14 Fourteen	*fó-ortin*	Catorce	
15 Fifteen	*fíf-tíin*	Quince	16 Sixteen	*six-tíin*	Dieciséis	
17 Seventeen	*séven-tíin*	Diecisiete	18 Eighteen	*éi-tíin*	Dieciocho	
19 Nineteen	*náin-tíin*	Diecinueve	20 Twenty	*tuénti*	Veinte (muchos lo pronuncian tuéni)	

Si usted se fija, notará que del 13 al 19 los números se pronuncian terminando siempre con **"teen"** (*tíin*). En materia de edades, esas son las que se dice que la muchachada ya son **"teenagers"** (*tíin-éiyer-s*) o adolescentes, en sus años **"teen"**.

Y hablando de edades, los hispanos estamos acostumbrados a celebrar con mayores fiestas el cumpleaños número 15 de nuestras hijas. Los estadounidenses, en cambio, lo celebran a los 16, los que llaman los **"sweet sixteen"** (*suít six-tíin*), los dieciséis abriles.

Grupo 3: Las decenas

20 Twenty	*tuenti* (algunos dicen *tueni*)	Veinte	30 Thirty	*zérti*	Treinta
40 Forty	*fórti* (algunos dicen *fóri*)	Cuarenta	50 Fifty	*fífti*	Cincuenta
60 Sixty	*síxti*		Sesenta	70 Seventy	*séventi* Setenta
80 Eighty	*éiri*		Ochenta	90 Ninety	*náinti* Noventa
100 One hundred	*uán jándre-d*		Cien		

A partir del número veinte, los números se expresan añadiendo el 1, 2, 3, etc. al **"twenty"**, al **"thirty"**, **"forty"**, y así sucesivamente.

21 Twenty one	*tuentí uán*	Veintiuno	22 Twenty two	*tuentí tú-u*	Veintidós
23 Twenty three	*tuenti z-ríi*	Veintitrés	24 Twenty four	*tuenti fóar*	Veinticuatro
25 Twenty five	*tuenti fái-v*	Veinticinco	26 Twenty six	*tuenti síx*	Veintiséis
27 Twenty seven	*tuenti séven*	Veintisiete	28 Twenty eight	*tuenti éi-t*	Veintiocho
29 Twenty nine	*tuenti náin*	Veintinueve	30 Thirty	*z-érti*	Treinta
31 Thirty one	*z-érti uán*	Treintiuno	32 Thirty two	*z-érti tú-u*	Treintidos
33 Thirty three... y así sucesivamente					

Lo mismo sucede después del 100:

101 One hundred and one	102 One hundred and two	103 One hundred and three
200 Two hundred	300 Three hundred	400 Four hundred
500 Five hundred	600 Six hundred	700 Seven hundred

800 Eight hundred	900 Nine hundred	1,000 One thousand
		uán záusan-d
2,000 Two thousand	3,000 Three thousand	4,000 Four thousand
10,000 Ten thousand	100,000 One hundred thousand	1,000,000 One million
		uán mílion

En inglés, un **"billion"** (*bílion*, billón) es un millón de millones y no 'mil millones', según el *Diccionario panhispánico de dudas* de la Real Academia Española. Se expresa en la unidad seguida por doce ceros.

Números ordinales

Recordará usted que los números ordinales son los que expresan un orden o posición de algo: primero, segundo, tercero, y sucesivamente.

First	*férs-t*	Primero	Second	*sécon-d*	Segundo
Third	*zér-d*	Tercero	Fourth	*fór-z*	Cuarto
Fifth	*fíft-z*	Quinto	Sixth	*síx-z*	Sexto
Seventh	*séven-z*	Séptimo	Eighth	*éit-z*	Octavo
Ninth	*náin-z*	Noveno	Tenth	*tén-z*	Décimo
Eleventh	*íleven-z*	Décimo primero u Onceavo	Twelfth	*tuélf-z*	Décimo segundo o Doceavo
Thirteenth	*zertín-z*	Décimo tercero o Treceavo			

Capítulo 29

POR QUÉ TODO CUESTA

Supongamos que alguno de ustedes quiere construir una torre.
¿Acaso no se sienta primero a calcular el costo, para ver si tiene
suficiente dinero para terminarla?

— *Lucas 14:28*

> *Suppose one of you wants to build a tower. Will he not first sit down*
> *and estimate the cost to see if he has enough money to complete it?*
>
> — *Luke 14:28*

Prácticamente todos sabemos que la moneda estadounidense, el **"dollar"** (*dólar*), se ha convertido en la moneda principal para transacciones internacionales de todo tipo, e inclusive, debido a los tratados de libre comercio entre algunos países y los Estados Unidos, el **"dollar"** se convirtió ya en la moneda oficial de algunos países latinos.

De todas maneras, es recomendable conocer bien el sistema monetario estadounidense, ya sea que visitemos o vivamos en esta nación. En Estados Unidos, hay tres formas de pagar:

Cash	*kásh*	Efectivo	Check	*ch-ek*	Cheque
Credit	*cré-dit*	Crédito (tarjeta de crédito)			

"Cash"

Palabras relacionadas al dinero en efectivo:

Bill	*bíl-l*	Billete (el papel moneda)	Coin	*cói-n*	Moneda
Bucks	*bák-s*	Palabra común para dólares	Ones	*uán-s*	Billetes de uno
Fives	*fáiv-s*	Billetes de cinco	Tens	*ten-s*	Billetes de diez
Twenties	*tuén-tis*	Billetes de veinte	Hundreds	*jóndred-s*	Billetes de cien
Cents	*cents*	Centavos			

Palabras comunes para las monedas

Penny	*pé-ni*	Un centavo	Nickel	*ní-kel*	Moneda de cinco centavos
Dime	*dái-m*	Moneda de diez centavos	Quarter	*quó-rer*	Moneda de veinticinco centavos

"Checks"

Checking account	*ché-king acá-unt*	Cuenta de cheques
Savings account	*séiv-ing-s acá-unt*	Cuenta de ahorros
Check book	*chék búk*	Libreta de cheques
Signature	*sig-na-cher*	Firma
Bank	*bán-k*	Banco
Teller	*té-ler*	Cajero del banco
Deposit	*di-pó-si-t*	Depósito
Withdraw	*uíz-dró*	Retiro de dinero
Balance	*bálanz*	Balance de la cuenta

"Credit"

En la actualidad, hay varios tipos de tarjetas de crédito, las llamadas bancarias (emitidas por un banco) y las tipo club privado o de tiendas como: American Express®, Diners Club®, Sears®, etc. Dentro de las tarjetas bancarias, existen dos tipos diferentes:

1) las tarjetas de crédito, como: Visa®, MasterCard®, Discover®, etc., donde el poseedor firma el comprobante de compra, y el costo va a una línea de crédito que el poseedor paga mensualmente con intereses.

2) las tarjetas de débito, donde el cargo es descontado instantáneamente de la cuenta corriente (cheques) o de ahorros del poseedor, donde generalmente el poseedor usa una contraseña secreta. Esta tarjeta está limitada a la cantidad de dinero que el poseedor tenga en su cuenta corriente o de ahorros.

El "Credit Score"

Para transacciones grandes, como la compra de una casa, un auto o cualquier otra propiedad, usualmente la transacción se realiza solicitando crédito directo a una entidad bancaria en forma de un préstamo. Para ello, la entidad prestante va a tomar en consideración el nivel crediticio, o **"credit store"** (*cré-dit s-cóar*), del comprador. Este es un número cambiante, según la seriedad y puntualidad del comprador en sus pagos a *todas* las entidades crediticias.

Este número es administrado y contabilizado por unas organizaciones independientes llamadas agencias de crédito, las cuales reciben información constante de los hábitos de pago de la persona, enviada por cada entidad donde la persona hace el pago.

En los Estados Unidos tener —y mantener— un nivel de crédito apropiado es algo sumamente importante, pues sin éste no es posible progresar dentro del sistema de vida estadounidense.

Credit card	*crédi-t cár-d*	Tarjeta de crédito
Debit card	*débi-t cár-d*	Tarjeta de débito
Pin number	*pín nómber*	Número secreto de identificación
Charge	*ch-ár-sh*	Cargar (a una tarjeta)
Accept	*ak-cép-t*	Aceptar (un tipo de tarjeta)
Payment	*péimen-t*	Pago
Down Payment	*dáo-n péin-men-t*	Pago parcial inicial
Interest	*ínteres-t*	Interés bancario
Mortgage	*mór-gue-ch*	Hipoteca
Credit Bureau	*crédi-t biúro*	Agencia de Crédito

A continuación, unos ejemplos de frases que pudieran surgir en alguna compra que haga:

Do you accept credit cards?   *Du llú-u ak-cép-t crédi-t cárd-s?*
    ¿Acepta usted tarjetas de crédito?

Yes, we take Visa® and MasterCard®.   *Llés, uí téi-k Visa án-d Máste-r Cár-d*
    Sí, tomamos (aceptamos) Visa® y MasterCard®.

Credit or Debit?   *Crédi-t or débi-t?*
    ¿Crédito o débito?

Please, type in your pin number.   *Plís, táip in llúar pin nómbe-r*
    Por favor, escriba (en la máquina) su número secreto.

How would you like to pay?   *Jáo wúd llú-u láik tu péi?*
    ¿Cómo le gustaría pagar?

I am going to pay cash.   *ái am gó-ing tu péi cá-sh*
    Voy a pagar en efectivo.

I am going to pay with a credit card.   *ái am gó-ing tu péi uíz éi crédi-t car-d*
Voy a pagar con una tarjeta de crédito.

Capítulo 30

EN UNA TIENDA POR DEPARTAMENTOS

Jesús hizo también muchas otras cosas, tantas que, si se escribiera cada una de ellas, pienso que los libros escritos no cabrían en el mundo entero.

—Juan 21:25

Jesus did many other things as well. If every one of them were written down, I suppose that even the whole world would not have room for the books that would be written.

—John 21:25

En el capítulo anterior usted aprendió sobre el uso del dinero en Estados Unidos, y posiblemente ya estudió la sección de los supermercados y los restaurantes, porque usualmente lo primero que se compra en otro país es comida.

Ya sea que vino especialmente de compras a este país o vino meramente de visita, o quizá decidió residir aquí, es probable que usted desee o necesite comprar otras cosas. Si hay algo seguro en su futuro es que, en algún momento, tendrá que ir a una tienda a comprar. Y en Estados Unidos, la mayoría de los artículos se compran en tiendas por departamentos, donde bajo un sólo techo se venden diferentes artículos. Ejemplos de ese tipo de tiendas, entre otras, son:

Wal-Mart	*Uól- mar-t*	K-Mart	*Kéi-mar-t*	J.C. Penney	*Lléi-cí Pé-ni*
Sears	*Síar-s*	Macy's	*Méi-cis*	Nordstrom	*Nórd-s tróm*
Marshall's	*Már-shal-s*	Target	*Tar-llet*		

La mayoría de estas tiendas, quizás con la excepción de Wal-Mart y K-Mart, que usualmente están localizadas en edificios independientes, se encuentran en edificios multitiendas, o **shopping centers** (*sháping centars*, centros de compras), donde cada tienda tiene una entrada directa a la calle. O, quizás, en **shopping malls** (*sháping mól-s*), si todas las tiendas están dentro de un edificio central, con puertas independientes que abren a los pasillos del **"mall"**. Estos **"malls"** tienen espaciosos pasillos comunes bajo el mismo techo, y cuentan con aire acondicionado, salas de cine, tiendas de juegos y entretenimiento, librerías, restaurantes (**fast** food), oficinas de profesionales en pisos superiores, etc. Hoy en día se han convertido en verdaderos centros comunitarios donde muchas personas se citan para conversar o almorzar y, de paso, comprar algo.

Supertiendas tipo Club

En casi todas las grandes ciudades de Estados Unidos existen supertiendas por departamentos que funcionan como un "club", es decir, usted tiene que afiliarse y pagar una pequeña cuota anual para tener derecho a comprar en ellas. Tras el proceso, usted recibe una tarjeta de identificación con su foto y número de socio, que presenta al momento de pagar.

Las dos supertiendas más grandes de este tipo en EE.UU., al momento, son: **Sam's Club** y **Costco.** La ventaja de comprar en ellas es que los precios son regularmente mucho más bajos que en las tiendas o supermercados regulares. Aunque almacenan menos artículos que las tiendas normales, la diferencia en precio es notable.

Al comprar ropa

Si lo que usted va a comprar es ropa o zapatos, además del *pequeño* inconveniente del idioma (porque en esta etapa, espero que ya usted conozca muchas palabras y cómo usarlas), se encontrará con algo diferente: la medida de los tamaños o tallas.

En muchos de nuestros países de origen usamos tallas europeas, pero en Estados Unidos y Canadá se usa otro sistema. Para ayudarle en ese aspecto, busque en el Apéndice E unas convenientes tablas de conversión de tallas europeas a estadounidenses. En dicha sección le advertimos que no existe una tabla igual a otra y que los tamaños en los artículos varían de fabricante a fabricante. De manera que no se confíe en ninguna tabla (ni siquiera en la nuestra) y trate siempre de probarse la pieza *antes* de comprarla. Cuando lo haga, busque los letreros a la entrada de los cuartos de prueba. Usualmente le advertirán del número máximo de piezas que usted puede entrar al probador. Cada tienda tiene diferentes políticas en este respecto.

Veamos algunas palabras relacionadas a este tema:

Try on	*trái-on*	Probarse algo
Fitting room	*fítin rúm*	Cuarto de prueba o vestidor
Sales person	*séil-s pér-son*	Vendedor o vendedora
Size	*sáiz*	Talla, tamaño
Large	*larch*	Grande
Medium	*mídi-um*	Mediano
Small	*s-mól*	Pequeño
Extra Large	*eks-tra larch*	Extra Grande
Extra Small	*eks-tra s-mól*	Extra Pequeño
Petit	*petí-t*	Talla menuda (para mujer delgada y bajita)
Big and Tall	*big án-d tól*	Tallas Extras para personas grandes y altas
Portly	*pórtli*	Tallas de hombres, algo más anchas
Dress	*dré-s*	Vestido
Blouse	*bláu-s*	Blusa
Suit	*sút*	Traje (de chaqueta para hombre o mujer)
Skirt	*s-kert*	Falda, saya
Shirt	*shért*	Camisa
Sport shirt	*s-pórt shért*	Camisa casual, tipo sport
Dress shirt	*drés shért*	Camisa formal, para usar corbata
Pants	*pánt-s*	Pantalón (hombre o mujer)
Slacks	*s-lak-s*	Pantalón de vestir de hombre
Shorts	*short-s*	Pantalón corto (hombre o mujer)
Jeans	*yín-s*	Pantalón mahón o de mezclilla
Jacket	*llá-ket*	Saco, gabán (hombre o mujer)
Coat	*có-ut*	Saco, gabán (hombre)
Overcoat	*ouver có-ut*	Abrigo
Sport jacket	*s-por-t llá-ket*	Chaqueta deportiva (de hombre)
Necktie	*nék-tái*	Corbata
Belt	*bél-t*	Cinturón, correa
Lingerie	*línje-ri*	Lencería
Robe	*róu-b*	Bata (de casa o baño)
Swimsuit	*suím sút*	Traje de baño (hombre o mujer)
Underwear	*ónder uéa-r*	Ropa interior
T-Shirt	*tí-shér-t*	Camiseta o camisilla de cuello cerrado

Al comprar zapatos

En el Apéndice E, usted también encontrará una tabla de conversión de tamaños europeos y estadounidenses. Recuerde, no se confíe de las tablas. Pruébese los zapatos antes de comprarlos.

Shoes	*shú-us*	Zapatos
Dress shoes	*drés shú-us*	Zapatos de vestir

Tennis shoes	*téni-s shú-us*	Zapatos suaves para tenis (de uso general hoy en día)
High heels	*jái-jí-il-s*	Zapatos de tacón alto (de mujer)
Sneakers	*s-ní-ker-s*	Zapatos bajos de lona (parecidos a los tennis)
Sandals	*sándal-s*	Sandalias
Mocassin	*móca-sin*	Zapatos bajos sin cordones
Loafer	*lou-fer*	Mocasín casual de material más suave
Stockings	*s-tó-kins*	Medias
Socks	*sók-s*	Medias
Wider size	*uáider sái-z*	Talla más ancha
Leather	*lé-der*	Cuero o piel
Man made material	*man-méid matí-rial*	Material sintético hecho por el hombre

Una aclaración sobre estos **"man made materials"**. Los zapatos de calidad se han hecho siempre con cuero, o piel, usualmente de la vaca. El cuero tiene una serie de propiedades naturales, es bastante resistente al agua y, sin embargo, es un material poroso que permite que la humedad o el calor generado por el sudor de la persona escapen del zapato. Pero el cuero es un material caro.

Desde hace algunos años se están fabricando zapatos con partes en cuero y partes en materiales sintéticos que son más baratos para el fabricante. También se fabrican zapatos enteramente hechos con materiales sintéticos (**"man made"**). Pero estos materiales no permiten "respirar" al pie, por lo que muchas personas los consideran menos saludables.

Las etiquetas siempre especifican si el zapato contiene algunas partes hechas con **"man made materials"**. La compra de zapatos es un asunto muy personal, donde cada persona decide por sí, de acuerdo a sus gustos, preferencias y presupuesto.

Al comprar libros

Para comprar libros en los Estados Unidos, la primera consideración es que usted no los va a comprar en una **"library"**, a pesar que es la palabra inglesa que más se acerca a la española "librería" (y de hecho, es otro ejemplo de cómo el inglés utiliza nuestras raíces del latín). En inglés, **library**, (*lái-bre-ri*), significa "biblioteca".

En Estados Unidos, los libros se compran en **"bookstores"**, *búks-tóar-s* (librerías), **"book stands"**, *búk s-tánd-s* (kioskos de libros), o **"book sections"**, *búk sec-chons* (secciones de libros), de una tienda por departamentos u otro tipo de tienda. En las tiendas especializadas de libros, estos están colocados según las categorías y, usualmente, tienen un mostrador con una persona que le provee información al cliente de dónde encontrar lo que busca.

Veamos algunas palabras relacionadas:

Best seller	*bés-t séler*	Éxito de ventas de librería
New releases	*niú ri-lí-ses*	Libros acabados de publicar
Just arrived	*llos-t arráiv-d*	Libros acabados de recibir
Religious section	*ri-lí-llious sec-chon*	Sección de libros sobre religión
Self-Improvement	*sél-f imprúf-men-t*	Libros de automejoramiento
Fiction section	*fík-chon sec-chon*	Sección de libros de ficción
History section	*jís-tori sec-chon*	Sección de libros de historia
Cooking section	*cú-quin sec-chon*	Sección de libros de cocina
Biographies	*bái-ou-gra-fís*	Libros de biografías
Technical books	*téc-ni-kal búks*	Libros técnicos
Cashier	*ca-shí-er*	Cajera o cajero

¿No saben que en una carrera todos los corredores compiten,
pero sólo uno obtiene el premio? Corran, pues, de tal modo que lo
obtengan.
—1 Corintios 9:24

Do you not know that in a race all the runners run, but only one gets
the prize? Run in such a way as to get the prize.
—1 Corinthians 9:24

En algún momento dado, los deportes pueden salir a relucir en su conversación con algún estadounidense, porque ellos son una parte importante en la vida social de los ciudadanos de este país.

Si conoce esa frase de *¡y la bola se llevó la cerca!*, significa que es usted fanático de béisbol y, en algún momento, ha escuchado una narración de algún juego realizada por el hispano (cubano-boricua) Felo Ramírez, quien prácticamente la "patentizó". Felo, actualmente la voz hispana oficial del equipo de la Florida en las Grandes Ligas y ex narrador de innumerables equipos por toda América Latina, es uno de sólo tres narradores hispanos inmortalizados en el Salón de la Fama del Béisbol, en la ciudad de Cooperstown, Nueva York.

Para los hispanos, nuestros deportes favoritos son el fútbol (la Copa Mundial de Fútbol), béisbol, y boxeo. Para los estadounidenses son el fútbol americano, que es un juego completamente diferente, béisbol, baloncesto, boxeo, hockey sobre hielo y, recientemente, nuestro conocido fútbol. En sus diferentes temporadas de juego, todos los canales de televisión están repletos de ellos.

Algo muy interesante del fanatismo hacia los deportes profesionales del estadounidense es el caluroso seguimiento que le dan, a su vez, a los deportes en las categorías aficionadas y ligas universitarias, según la universidad en la cual estudió la persona.

Veamos algunas palabras relacionadas con estos deportes para que se vaya familiarizando con ellas, aunque es posible que ya conozca muchas, pues en nuestros países las usamos, según el deporte de nuestra preferencia.

Sport	*s-pór-t*	Deporte
Fan	*fan*	Fanático
Stadium	*s-téi-diúm*	Estadio
Team	*tím*	Equipo
Game	*guéim*	Juego
Win	*uín*	Ganar
Lose	*lúus-s*	Perder
Play	*pléi*	Jugar
Football	*fút-bol*	Fútbol americano (Rugby)
Soccer	*sóquer*	Fútbol balompié
Baseball	*béis-bol*	Béisbol
Basketball	*bás-ket ból*	Baloncesto
Ice Hockey	*áis jáqui*	Jockey sobre hielo
Player	*pléller*	Jugador
Score	*s-cóar*	Puntuación
Score board	*s-cóar bór-d*	Pizarra de anotaciones
Free agent	*frí éillen-t*	Agente libre (jugador sin contrato)
Rookie	*rúki*	Jugador en su primer año
Playoff	*pléi-of*	Torneo postemporada antes del campeonato final
Gym	*Llím*	Gimnasio
Exercise	*ec-sér-sáiz*	Ejercicio
Fit	*fit*	En forma (cuerpo en forma)
Practice	*prác-tiz*	Práctica
Jogging	*yó-guing*	Trotar (caminar rápido como ejercicio)

Palabras usadas en béisbol

Pitcher	*pícher*	Lanzador	**Catcher**	*cá-cher*	Receptor
Umpire	*am-páier*	Árbitro	**Glove**	*gláv*	Guante
Inning	*íning*	Entrada (son 9)	**Manager**	*mána-cher*	Dirigente
Batboy	*bátboi*	Muchacho encargado de recoger los bates			

Palabras usadas en boxeo

Bout	*báu-t*	Combate
Clinch	*clí-inch*	Agarrar y sostener al contrincante
Jab	*jáb*	Golpe corto, rápido y derecho
Hook	*júk*	Golpe de gancho (afuera hacia el centro)
Judge	*yód-ch*	Juez
Uppercut	*óper-cot*	Poderoso golpe al mentón, de abajo hacia arriba
Round	*ráon-d*	Asalto

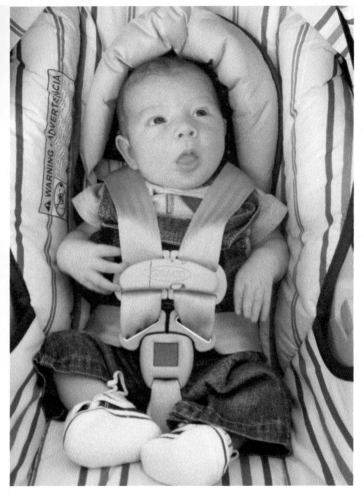

| Second | sécon-d | Asistente al peleador en su esquina |
| Referee | réferi | Árbitro |

Palabras usadas en baloncesto

Net	net	Red o malla del aro
3 Point Zone	zrí póin-t zóun	Zona de 3 puntos
Half Time	jáf táim	Intermedio a mitad de juego
Quarters	cuó-rers	Cuartos de tiempo de juego
Coach	cóu-ch	Dirigente
Dribbling	drí-bling	Rebotar la bola contra el piso
Blocked shot	blók-d shát	Tiro de bola bloqueado
Dunk	dónk	Encestar desde arriba saltando al lado del aro

Palabras usadas en fútbol Rugby

Touchdown	tóch-dáun	Gol a base de carrera o pase de bola
Quarterback	quórer-bák	Jugador líder de la ofensiva
Down	dáon	Una de cuatro oportunidades para adelantar la bola 10 yardas
Tackle	táquel	Agarrar y derribar a quien lleva la bola
Helmet	jélme-t	Casco protector
End zone	end-zóun	Zona de gol al final del terreno
Penalty	pénalti	Penalidad
Pass	pás-s	Pase de bola a otro jugador
Field goal	fíl-d gól	Patear la bola entre los postes de gol

Palabras usadas en hockey sobre hielo

Puck	pók	Disco
Rink	rínk	Pista (de hielo)
Tripping	tríping	Penalidad por obstruir piernas de otro usando el palo
Goalie	góuli	Portero (en el área de gol)
Zamboni	zambóni	Máquina limpiadora del hielo
Stick	s-tík	Palo de hockey

Algunas frases relacionadas

Did you see the baseball game? — *Did Ilú-u sí da béis-bol guéim?*
¿Viste el juego de béisbol (pelota)?

Do you want to play some basketball? — *Du Ilú-u uán-t tu pléi sóm basket-bol?*
¿Quieres jugar algo de baloncesto?

Yes, let me get my ball. — *Llés, let mi guét mái bol*
Sí, déjame buscar mi balón.

Boxing is too violent for me.   *Báxing is tú vá-iolen-t for mi*
El boxeo es muy violento para mí.

Además de los deportes arriba mencionados, en Estados Unidos hay fanáticos de muchos otros, como las carreras de autos, caballos y perros. Así mismo, hay deportes que caen en la categoría de pasatiempos o **hobbies** (*jábi-s*), porque pueden ser practicados por cualquier persona interesada, pero que también gozan de una gran fanaticada a través de la televisión, como el golf, el tennis, la pesca, la navegación, y así sucesivamente.

Capítulo 32

ALGUNOS DATOS SOBRE LA GRAMÁTICA INGLESA

Pero si no capto el sentido de lo que alguien dice, seré como un extranjero para el que me habla, y él lo será para mí.
—1 Corintios 14:11

If then I do not grasp the meaning of what someone is saying, I am a foreigner to the speaker, and he is a foreigner to me.
—1 Corinthians 14:11

Dominar el inglés no es sólo hablarlo bien. También debemos tratar de escribirlo lo mejor posible. Hay algo muy simple en la gramática inglesa que realmente confunde a muchas personas, y es el uso de las mayúsculas. Existe una diferencia en la manera que las usamos en español y en inglés.

En la gramática inglesa, las mayúsculas se usan con mayor frecuencia que en nuestro idioma, porque además de utilizarlas en los mismos lugares que nosotros, como a principio de oraciones, en nombres propios, etc., también se usan en:

- Los nombres de los días de la semana: **Monday, Tuesday, Wednesday, Thursday, Friday, Saturday** y **Sunday.**
- Los nombres de los meses del año: **January, February, March, April, May, June, July, August, September, October, November and December.**
- Los nombres de los idiomas: **English, Spanish, French, Italian,** etc.
- Los sustantivos que indican una nacionalidad: **Englishman, Venezuelan, Puerto Rican, German,** etc.
- Los nombres de religiones y sus derivados: **Protestant, Catholic,** etc.
- Los nombres de partidos políticos: **Democrats, Republicans, Laborist,** etc.
- Los títulos de nobleza: **Baron, Princess, Queen, Duke,** etc.

Cómo formar el femenino de algunos sustantivos

En español, tenemos la ventaja de que nuestra gramática casi siempre especifica el género (sexo) con una palabra predeterminada para ello: gato y gata, dulcero y dulcera, pintor y pintora, maestro y maestra. De hecho, esto lo hace un poco más complicado que el inglés, como ya hemos dicho, porque son más palabras para aprender.

En el idioma anglo, el género es determinado, muchas veces, no por la palabra, sino por el contexto de la oración completa. Pero —y aquí viene un pero— habrán ocasiones en que deseamos o necesitamos formar el género femenino de un sustantivo. Buenas noticias: Hay tres reglas para ello:

- Se añade la terminación **ess:**

Heir   (heredero)   **Heiress**   (heredera)

- Se usa un sustantivo compuesto **Milkman** (lechero) **Milkmaid*** (lechera)

Wolf   (lobo)   **She-wolf**   (loba)

*"Maid" significa "doncella" en inglés más antiguo, y su uso otorga feminidad al sustantivo. Cuidado, que **"maid"** también significa "recamarera" en las habitaciones de un hotel.

- Se usa una palabra diferente, como en español:

Horse   (caballo)   **Mare**   (yegua)

Boy   (niño)   **Girl**   (niña)

Existe una cuarta manera de crear el femenino de un sustantivo, que es añadiendo el sufijo **"ine"**, pero ya no se usa tanto, por lo que no es de mucha importancia el estudiarlo.

Capítulo 33

PALABRAS CRISTIANAS

Al pasar por las ciudades, entregaban los acuerdos tomados por los apóstoles y los ancianos de Jerusalén, para que los pusieran en práctica. Y así las iglesias se fortalecían en la fe y crecían en número día tras día.

—Hechos 16:4-5

As they traveled from town to town, they delivered the decisions reached by the apostles and elders in Jerusalem for the people to obey. So the churches were strengthened in the faith and grew daily in numbers.

—Acts 16:4-5

Es importante que usted se vaya familiarizando con palabras del uso diario, que regularmente no se encuentran en otros libros de aprendizaje del idioma inglés. Así su vocabulario no sólo aumenta, sino que incluye palabras que le serán necesarias en la práctica de la fe cristiana.

God	*Gad*	Dios	Jesus	*Llí-sus*	Jesús
Christ	*Cráis-t*	Cristo	Bible	*Bái-bel*	Biblia
Cross	*Crós*	Cruz	Christian	*Crís-tian*	Cristiano
Faith	*Féiz*	Fe	Love	*Láv-v*	Amor – amar
Heaven	*Jé-ven*	Cielo o gloria	Sacred	*Séicred*	Sagrado-a
Scriptures	*S-scríp-chers*	Escrituras	Pastor	*Páster*	Pastor
Reverend	*Réve-rend*	Reverendo	Minister	*Mínis-ter*	Ministro
Soul	*Sóul*	Alma	Holy	*Jóu-li*	Santo sagrado
Spirit	*S-spí-rit*	Espíritu	Church	*Chérch*	Iglesia
To pray	*Tu préi*	Orar (verbo)	Psalm	*Sal-m*	Salmo
Angel	*Ein-jel*	Ángel	Commandments	*Cománd-ments*	Mandamientos
Temple	*Tém-pel*	Templo	Law	*Lóh*	Ley
Word	*Güerd*	Palabra	Congregation	*Can-gre-guéi-chon*	Congregación
Obey	*Ou-béi*	Obedecer	King	*Kíng*	Rey
Hell	*Jél-l*	Infierno	Book	*Búk*	Libro
Service	*Sér-víz*	Servicio	Paradise	*Para-dáis*	Paraíso
Shepherd	*Shép-járd*	Pastor (de ovejas)	Flock	*Flok*	Rebaño
Sin	*Sín*	Pecado			

Es posible que muchos de ustedes estén interesados en obtener la ciudadanía estadounidense y, por eso, quieren aprender inglés. Quizás otros sientan la curiosidad por los requisitos necesarios para adquirirla. Sea cual fuere la razón de dicho interés, entiendo que es mi deber dar algunas ideas sobre el proceso, y por eso escribí este apéndice.

Es mi deber también advertirle que los requisitos para hacerse residente legal o ciudadano por naturalización de los Estados Unidos están, al momento de escribir este libro, sufriendo profundos cambios legales, y existe la posibilidad de que los mismos hayan cambiado en alguna forma para cuando este libro sea leído. De manera que, si realmente usted interesa comenzar el proceso de adquirir alguno de esos dos status legales estadounidenses, debe buscar el debido consejo legal para ello, sea de un abogado o de una agencia especializada en los trámites, que conozca a fondo los requisitos necesarios al momento de realizar su gestión.

Sirva este apéndice sólo como una información genérica del tema para que usted tenga una idea del mismo.

La agencia

La agencia del gobierno estadounidense que tiene a su cargo la administración del proceso para la naturalización de extrajeros, cambió de nombre recientemente. Antes llamado como Departamento de Inmigración y Naturalización de EE.UU., ahora lleva el nombre de **U.S. Citizenship and Immigration Services** (Servicios de Ciudadanía e Inmigración de Estados Unidos).

Idioma

Ciertamente, los candidatos para la naturalización estadounidense están obligados a saber leer, escribir, hablar y comprender palabras de uso ordinario en el idioma inglés. En los cambios más recientes al proceso, este punto se ha enfatizado al máximo. En años anteriores, había cierta flexibilidad hacia el dominio del idioma, y hubo años en que hasta se daba a escoger si el candidato prefería tomar el examen en inglés o español. Ya no es así. En este momento, el examen de inglés es lo primero que el candidato toma, y si el oficial de inmigración entiende que éste no domina el idioma, detiene el proceso. Razón de más para que se estudie a fondo este libro.

Al momento, hay algunas excepciones a este requisito. Ellas son:

- Haber residido en los Estados Unidos por períodos que suman 15 años o más, subsecuentemente a una admisión legal para residencia permanente, y tener 55 años de edad o más.
- Haber residido en los Estados Unidos por períodos que suman 20 años o más,subsecuentemente a una admisión legal para residencia permanente, y tener 50 años de edad o más.
- Tener una discapacidad física o mental, medicamente determinable, donde la discapacidad afecte la habilidad del candidato para aprender inglés.

Conocimientos de historia y gobierno de Estados Unidos

Un candidato que solicita la naturalización debe demostrar un conocimiento y comprensión de los fundamentos de la historia, los principios y la forma de gobierno de los Estados Unidos. Los candidatos que quedan exentos de este requisito son:

- Aquellos candidatos que, a la fecha de su radicación, tengan una discapacidad física o mental, médicamente determinable, donde la discapacitad afecte la habilidad del candidato para aprender sobre la historia y gobierno de los Estados Unidos.
- Aquellos candidatos que hayan residido en los Estados Unidos al menos por 20 años, subsecuentemente a una admisión legal para residencia permanente, y tengan más de 65 años de edad, se les otorgarán consideraciones especiales para satisfacer este requisito.

Ejemplos del tipo de preguntas para el examen de historia y gobierno

No intento garantizar que estas mismas preguntas se incluirán en el examen sobre historia y gobierno estadounidense, porque las mismas cambian de examen a examen. Sin embargo, encontrará algunos ejemplos del tipo de preguntas que usualmente se hacen en dicho examen:

P: What are the colors of our flag?   *Uát ar de color-s of áuar flag?*
¿Cuáles son los colores de nuestra bandera?

R: The colors are red, white and blue.   *Da colors ar re-d, uáit an-d blú*
Los colores son rojo, blanco y azul

P: What do the stars on the flag mean?   *Uát dú de s-tars on da flag mín?*
¿Qué significan las estrellas en la bandera?

R: Each star represents a State   *Ich s-tar ri-prizént a s-téit*
Cada estrella representa un estado

P: What do we celebrate on the 4th of July?   *Uát du uí celebréi-t on da forz of Ilulái?*
¿Qué celebramos en el 4 de julio?

R: We celebrate our Independence Day   *Uí celebréi-t aúar indi-péndans déi*
Celebramos el Día de la Independencia

P: Who was the first President of the U.S.?   *Jú uós da ferst presiden-t of da iú es?*
¿Quién fue el primer presidente de los Estados Unidos?

R: George Washington was   *Llorch Uáshinton uós*
Fue Jorge Washington

P: Why did the Pilgrims come to America?   *Uái did da pílgrim-s kom tu América?*
¿Por qué vinieron los peregrinos a Estados Unidos?

R: To gain religious freedom   *Tu guéin rili-llius frídom*
Para obtener libertad de religión

P: Why are there 100 Senators in the Congress? *Uái ar déar 100 sénator-s in da cóngres?*
¿Por qué hay 100 senadores en el Congreso?

R: Because there are two from each State   *Bícoz déar ar tú from ích s-téit*
Porque hay dos por cada estado

P: Who elects Congress? *Jú iléct-s cángres?*   ¿Quién elige al Congreso?

R: The citizens of the United States   *Da cítizen-s of da iunáited s-téits*
Los ciudadanos de los Estados Unidos

P: Who signs Bills into law? *Jú sáins bíls intu lós?*
¿Quién firma los proyectos para hacerlos ley?
R: The President *Da presiden-t* El Presidente

P: What is the White House? *Uát is da uái-t jáus?*
¿Qué es la Casa Blanca?
R: The President's official residence *Da presiden-ts ofíchial residénz*
La residencia oficial del presidente

P: Who becomes President if the President dies? *Jú bikóm-s presiden-t if da presiden-t dáis?*
¿Quién se convierte en presidente si el presidente muere?
R: The Vice President *Da váis presiden-t*
El vicepresidente

P: What is the Constitution? *Uát is da canstitúchion?*
¿Qué es la Constitución?
R: The supreme law of the land *Da suprím ló of di lán-d*
La ley suprema del país

P: What is the Bill of Rights? *Uát is da bíl of ráit-s?*
¿Qué es la Carta de Derechos?
R: The first 10 amendments to the Constitution *Da ferst 10 aménd-mánts tu da Canstitúchion.*
Las primeras 10 enmiendas a la Constitución

P: Name several benefits of being a citizen of the United States
1) *Néim séveral benefit-s of bí-in éi cítizen of da iúnaite-d s-téits*
1) Nombre varios beneficios de ser un ciudadano de los Estados Unidos.
R: 1) To be able to vote;
1) *Tu bi éibel tu vóut,*
1) Poder votar,
2) to obtain Federal government jobs,
2) *tu obtéin féderal gávermen-t jabs,*
2) obtener trabajos del gobierno federal,
3) to travel with a U.S. passport,
3) *tu trave-l uíz éi iú es páspor-t,*
3) viajar con un pasaporte estadounidense,
4) and to petition for close relatives to come to the United States to live.
4) *and tu petí-chion for clóus rélativ-s tu kóm tu da iunáite-d s-téits.*
4) y reclamar familiares cercanos para que vengan a vivir a los Estados Unidos.

Nota del autor: En mi opinión, de todos los beneficios que obtiene un ciudadano estadounidense, el derecho al voto es el más importante de todos. En algunos (y recalco algunos) de nuestros países de origen, el voto es –hasta cierto punto– manipulado por el gobernante de turno o, a veces, hasta suprimido, y eso provoca en nosotros cierta apatía hacia el proceso eleccionario.

En Estados Unidos no sucede así. Este es un país regido por leyes y no por personas. Y ese derecho al voto de cada ciudadano es la verdadera democracia en acción. Con nuestro voto, podemos poner gobernantes al mando de nuestra ciudad, estado y país, pero también podemos quitarlos si no cumplen con la necesidad del pueblo.

Para mí, el voto es más que un derecho. Es un deber. Un deber para con nuestros hijos, nietos y las generaciones futuras. El deber de dejarles un sistema de gobierno apropiado.

Sólo que para votar, se necesita estar bien informado. Le animo a que antes de cada elección, haga un esfuerzo adicional en investigar las cualidades de cada candidato. Haga entonces una selección según su mejor consideración y manera de pensar...y vote.

¿ORDENADOR, COMPUTADOR O COMPUTADORA?

En español, tenemos varias palabras como computador o computadora, para describir o nombrar un **computer** *(cám-piú-rer)*, palabra que procede del latín "computare". En España, es más usual la palabra ordenador, la cual es un galicismo procedente de la palabra "ordinateur".

No importa cómo le llamemos, el **computer** es la herramienta de trabajo, estudio y hasta diversión, más común en el mundo de hoy. Por tal razón, es lógico que le dediquemos un tiempo a conocer las palabras en inglés relacionadas a ella.

Desk computer	*desk cám-piú-rer*	Computadora de mesa
PC	*pí-cí*	Apodo para computadora personal
Laptop	*lap tap*	Computadora portable (lap es *regazo*)
PDA	*pí-dí-éi*	Computadora tamaño bolsillo. PDA son iniciales de Personal Digital Assistant
CPU	*cí-pí-iú*	*Si*stema central donde ubica el procesador
Monitor	*máni-ter*	Monitor
Keyboard	*kí-bord*	Teclado
Screen	*s-crín*	Pantalla
Mouse	*máu-s*	"Ratón" que mueve el cursor en la pantalla
Printer	*prín-tar*	Impresora
Speakers	*s-pí-kars*	Bocinas altoparlantes
Modem	*má-dem*	Pieza que conecta a Internet
CD Drive	*cí-dí drái-v*	Pieza que lee los discos compactos, Compact Disks o CD
CD Writer	*cí-dí rái-ter*	CD Drive que también graba discos compactos.
Hardware	*járd-uéar*	Conjunto de piezas físicas de la computadora (todas las mencionadas aquí arriba)
Software	*sáf-t uéar*	Los programas que "mueven" la computadora
Operating System	*oupe-rei-ting sis-tem*	Sistema Operativo. El programa base donde se instalan los demás programas.
Web	*uéb*	Apodo de World Wide Web
World Wide Web	*uérl-d uái-d uéb*	Ancha Red Mundial (Internet) El más vasto almacén de información digital
Surfing	*ser-fing*	Explorando la Web; buscando datos
Email	*í méil*	Mensaje electrónico por Internet

PALABRAS IGUALES EN INGLÉS Y ESPAÑOL

Al principio de este libro les explicamos las variadas raíces idiomáticas que dieron forma al inglés, y cómo el latín fue una de ellas. Esto provocó que una inmensa cantidad de palabras inglesas se escriban igual que en español.

Para encontrarlas, sólo tiene usted que tomar un diccionario de inglés y mirar en cada letra. De hecho, si su diccionario es más extenso que el mío, es posible que encuentre todavía muchas más. Lo que **no** encontrará en estas palabras son los acentos, pues no se usan en inglés. Pero recuerde que aunque se escriben igual y tienen el mismo significado, no necesariamente se pronuncian igual.

Aquí tiene una lista de algunas que encontré.

A

Actor	Admirable	Adobe	Adorable	Aerosol	Agenda
Albino	Alcohol	Alfalfa	Alias	Altar	Amen
Amnesia	Amoral	Angel	Angular	Animal	Antisocial
Aorta	Area	Arterial	Artificial	Astral	Atlas
Audio	Auto				

B

Balance	Bar	Barracuda	Basilica	Base	Bestial
Benefactor	Bikini	Bilateral	Bingo	Boa	Bolero
Bonanza	Brutal				

C

Cable	Cactus	Cafe	Cafeteria	Canal	Cancer
Capital	Carbon	Cartel	Carton	Casino	Catamaran
Caviar	Cereal	Ceremonial	Cervical	Chocolate	Circular
Civil	Colonial	Collar	Colon	Coma	Combustion
Comparable	Compatible	Conductor	Considerable	Consul	Continental
Control	Convertible	Convulsion	Coral	Cordially	cordon
Cornea	Crater	Criminal	Crisis	Crucial	Cultural
Celestial	Central				

D

Decimal	Decision	Debate	Delta	Dental	Detector
Detective	Detractor	Diabetes	Diagonal	Dial	Diesel
Digital	Dimension	Diploma	Director	Disco	Diva
Division	Doctor	Doctoral	Dogma	Domino	Dorsal
Dragon	Drama				

E

Eclipse	Editor	Editorial	Elemental	Elixir	Embargo
Emulsion	Enigma	Episcopal	Erosion	Error	Euro
Evasion	Excursion	Expansion	Experimental	Explosion	Extension
Exterior	Extractor				

F

Facial	Factor	Familiar	Fatal	Fauna	Federal
Femur	Festival	Feudal	Final	Flexible	Floral
Folio	Formal	Formula	Frontal	Frugal	Fundamental
Funeral					

G

Gala	Gardenia	Gas	General	Glacial	Glandular
Global	Granular	Gratis	Grave	Guerrilla	Gondola
Golf	Gradual	Guinea			

H

Habitual	Hacienda	Halo	Hangar	Hematoma	Hepatitis
Hernia	Hexagonal	Horizontal	Horror	Hospital	Hotel

I

Idea	Ideal	Impersonal	Imperial	Impostor	Inaudible
Inaugural	Incidental	Incurable	Incursion	Indecision	Individual
Industrial	Inferior	Infernal	Inflexible	Informal	Inspector
Instructor	Instrumental	Integral	Intercontinental	Interior	Intestinal
Invasion	Inventor	Invisible	Irregular		

J

Jacaranda	Jade	Jaguar	Jeep	Jockey	Jovial
Judicial	Judo	Junior			

K

Karate	Kilo

L

Larva	Laser	Lateral	Latex	Laurel	Lava
Legal	Legible	Legion	Lesion	Liberal	Limbo
Literal	Local	Lunar			

M

Macho	Macro	Maestro	Magnate	Magnolia	Malaria
Mango	Mania	Mansion	Manual	Marginal	Material
Maternal	Mediocre	Melanoma	Melodrama	Melon	Memorable
Meningitis	Mental	Menu	Mercurial	Metal	Micro
Mineral	Mini	Ministerial	Miserable	Modular	Molecular
Monitor	Moral	Mortal	Mosquito	Motel	Motor
Multiple	Municipal	Mural	Muscular	Musical	Mutual

N

Nasal	Natural	Nausea	Naval	Nectar	Neuro
Neuralgia	Neutral	Noble	Nominal	Normal	Notable
Nuclear					

O

Oasis	Octagonal	Opera	Opinion	Oral	Oriental
Original	Ornamental	Oval			

P

Palpable	Pancreas	Panda	Panel	Paranoia	Paranormal
Penal	Peninsula	Pension	Peritonitis	Permeable	Perpendicular
Personal	Postal	Prenatal	Pretension	Primate	Primordial
Principal	Particular	Pasta	Pastel	Patoral	Pastor
Paternal	Patio	Patron	Peculiar	Pedal	Pedestal
Pelvis	Persuasion	Piano	Picnic	Ping-pong	Pizza
Placebo	Plasma	Plural	Polar	Polio	Poncho
Popular	Probable	Profusion	Propaganda	Protector	Provincial
Provision	Provisional	Puma			

R

Racial	Radar	Radial	Radical	Radio	Rayon
Reactor	Recital	Rectangular	Rector	Reduce	Reflector
Reformable	Region	Regional	Regular	Religion	Replica
Retina	Reunion	Revision	Revolver	Rifle	Ritual
Rival	Robot	Rodeo	Romance	Rotor	Rural

S

Saliva	Salmon	Salon	Samba	Sauna	Secular
Sedan	Sensor	Sensual	Sentimental	Serial	Silo
Similar	Simple	Singular	Social	Soda	Sofa
Solar	Soluble	Sonar	Suave	Subliminal	Subtotal
Subtropical	Sultan	Superficial	Superior	Supervision	Supervisor
Suspension					

T

Tabasco	Tabular	Tandem	Tangible	Tango	Tapioca
Tarantula	Taxi	Television	Trauma	Temblor	Tendon
Tenor	Tension	Terminal	Terrible	Terror	Textual
Tombola	Tornado	Torpedo	Torso	Total	Transcendental
Transfusion	Triangular	Triple	Tropical	Tuberculosis	Tubular
Tutor					

U

Ultra	Umbilical	Ulterior	Ultimatum	Unilateral	Union
Unipersonal	Usable	Universal	Usual	Utopia	

V

Valor	Vapor	Variable	Vegetal	Venal	Venial
Venerable	Verbal	Version	Vertebra	Vertical	Vertigo
Verbena	Vestibular	Veto	Video	Vigilante	Violin
Virtual	Virus	Visa	Visible	Vision	Visual
Vital	Vulgar				

W

(si hay, es un anglicismo)

X

Xenon

Y

Yak	Yankee	Yoga

Z

Zebra	Zigzag	Zodiacal

PALABRAS *CASI* IGUALES EN INGLÉS Y ESPAÑOL

Ya debe usted haber visto, antes de esta, una lista de palabras totalmente iguales en ambos idiomas. Tal como le dijimos al principio de
este libro, debido al uso común de raíces latinas, también hay muchas
palabras que se escriben *casi* igual que en español, lo suficiente como
para que reconozca su significado...aunque no se pronuncien igual.

Es posible que si usted revisa su diccionario, encuentre más que las
que están aquí. Veamos algunas de ellas:

A

Abstract	Abstracto	Access	Acceso	Accident	Accidente
Admire	Admirar	Admit	Admitir	Adopt	Adoptar
Adult	Adulto-a	Agent	Agente	Aggresive	Agresivo-a
Alarm	Alarma	Allergic	Alérgico-a	Alternative	Alternativa
Apparent	Aparente	Arithmetic	Aritmética	Artist	Artista
Assist	Asistir	Association	Asociación	Associate	Asociado
Assume	Asumir	Autograph	Autógrafo		

B

Biography	Biografía	Blouse	Blusa	Brilliant	Brillante

C

Camera	Cámara	Camouflage	Camuflaje	Candid	Cándido-a
Canyon	Cañón	Captain	Capitán	Capture	Capturar
Cathastrophe	Catástrofe	Cause	Causa	Celebration	Celebración
Cement	Cemento	Center	Centro	Ceremony	Ceremonia
Character	Carácter	Clarify	Clarificar	Class	Clase
Colony	Colonia	Complete	Completo	Compromise	Compromiso
Compulsory	Compulsorio	Consistent	Consistente	Construction	Construcción
Continent	Continente	Contribution	Contribución	Convenient	Conveniente
Conversation	Conversación	Coast	Costa	Cost	Costo

D

Deception	Decepción	Decide	Decidir	Delicate	Delicado
Depend	Depender	Describe	Describir	Determine	Determinar
Different	Diferente	Direct	Directo	Direction	Dirección
Disaster	Desastre	Distance	Distancia	Destroy	Destruir
Dramatic	Dramático				

E

Education	Educación	Effective	Efectivo	Electric	Eléctrico
Energy	Energía	Enormous	Enorme	Enter	Entrar
Escape	Escapar	Evidence	Evidencia	Eventually	Eventualmente

F

Family	Familia	Famous	Famoso-a	Favorite	Favorito-a
Form	Forma	Fruit	Fruta	Furious	Furioso

G

Galaxy	Galaxia	Gallon	Galón	Gorilla	Gorila
Gracious	Gracioso (de gracia)			Group	Grupo

H

Helicopter	Helicóptero	History	Historia	Honest	Honesto-a
Hour	Hora	Human	Humano		

I

Identification	Identificación	Idiom	Idioma	Imagination	Imaginación
Important	Importante	Incredible	Increíble	Infancy	Infancia
Infant	Infante	Insect	Insecto	Insist	Insistir
Inteligent	Inteligente	Intoxicated	Intoxicado	Immigrant	Inmigrante
Interruption	Interrupción	Invention	Invento	Investigation	Investigación
Invitation	Invitación				

J

Jackal	Chacal	Jasmin	Jazmín	Javelin	Javalina

K

Kilogram	Kilogramo	Kilometer	Kilómetro		

L

Language	Lenguaje	Leader	Líder	Lemon	Limón
Lesson	Lección	Lion	León	Line	Linea
List	Lista				

M

Magic	Mágico	Magnificent	Magnífico	Map	Mapa
Medal	Medalla	Memory	Memoria	Microscope	Microscopio
Million	Millón	Miniature	Miniatura	Minute	Minuto
Moment	Momento	Monument	Monumento	Music	Música

N

Necesity	Necesidad	Nervious	Nervioso	Nomination	Nominación

O

Obedience	Obediencia	Occasion	Ocasión	Ocean	Océano
Offense	Ofensa	Office	Oficina	Operation	Operación

P

Palace	Palacio	Panic	Pánico	Park	Parque
Part	Parte	Patience	Paciencia	Perfect	Perfecto
Permanent	Permanente	Pirate	Pirata	Planet	Planeta
Plant	Planta	Police	Policía	Policy	Políticas
Practice	Práctica	Prepare	Preparar	Present	Presentar
Pretend	Pretender	Prevent	Prevenir	Problem	Problema
Proceed	Proceder	Professional	Profesional	Prove	Probar, demostrar

Q

Quadriplegic	Cuadriplégico	Qualification	Calificaciones, títulos		
Quality	Calidad, cualidad		Quantify		Cuantificar

R

Relevant	Relevante	Religious	Religioso	Remove	Remover
Representation	Representación	Reprimand	Reprimenda	Route	Ruta

S

Scenario	Escenario	Secret	Secreto	Sensitive	Sensible
Subterranean	Subterráneo	Support	Soportar	Surprise	Sorpresa

T

Telephone	Teléfono	Telescope	Telescopio	Temporary	Temporalmente
Tourist	Turista	Tube	Tubo	Trumpet	Trompeta

U

Ulcer	Úlcera	Ultrasonic	Ultrasonido	Ultraviolet	Ultravioleta
Unique	Único	Unison	Unísono	Unitary	Unitario
Universe	Universo				

V

Valve	Válvula	Vandalism	Vandalismo	Vanilla	Vainilla
Vapour	Vapor	Vase	Vasija	Visit	Visita

En muchos de nuestros países hispanos usamos las tallas (tamaños) de ropa y calzado con medidas europeas, inclusive México tiene unas tallas propias en algunos artículos. En Estados Unidos y Canadá, estas tallas (**sizes** - *sáizes*) se miden diferente, y eso puede traer confusión a la hora de comprar.

Aquí les ofrecemos unas tablas de conversión que pueden servirle de ayuda; pero cuidado, son sólo una referencia y puede que no sean exactas, pues muchos fabricantes se desvían algo de las medidas de otros fabricantes. Es raro encontrar una tabla de conversión que sea exacta a las otras, de manera que lo mejor es siempre probarse la pieza de ropa antes de comprarla.

ROPA DE MUJER

(Chaquetas, camisas, etc.)

Talla Internacional: XS-S-M-L-XL-XXL-XXXL
Talla en EE.UU.: 8-10-12-14-16-18-20
Medida de pecho en pulgadas: 32-34-36-38-40-42-44
Medida de pecho en centímetros: 81-86-92-97-97-107-112
Tallas europeas: 34-36-38-40-42-44-46

(Pantalones, shorts, etc.)

Talla Internacional: XS-S-M-L-XL-XXL-XXXL
Talla en EE.UU.: 8-10-12-14-16-18-20
Medida de cintura en pulgadas: 24-26-28-30-32-34-36
Medidad de cintura en centímetros: 61-66-71-76-81-86-92
Tallas europeas: 34-36-38-40-42-44-46

CALZADO DE MUJER

Sistema Talla

EE.UU.	5	5½	6	6½	7	7½	8	8½	9	9½	10	10½	12	13
Europeo	35	35½	36	37	37½	38	38½	39	40	41	42	43	44	45
México	3	3½	4	4½	5	5½	6	6½	7	7½	9	10		

ROPA DE HOMBRE
(Chaquetas, camisas, etc.)

Talla Internacional: XS-S-M-L-XL-XXL-XXXL
Medida de pecho en pulgadas: 36-38-40-42-44-48-50
Medida de pecho en centímetros: 92-97-102-107-112-119-127
Tallas europeas: 46-48-50-52-54-58-62

(Pantalones, shorts, etc.)

Talla internacional: XS-S-M-L-XL-XXL-XXXL
Medida de cintura en pulgadas: 29-32-34-36-40-44-48
Medidad de cintura en centímetros: 75-81-85-92-100-110-120
Tallas europeas: 44-46-48-52-56-60-64-

CALZADO DE HOMBRE

Sistema Talla

EE.UU.	3½	4	4½	5	5½	6	6½	7	7½	8	8½	9	10½	11½	12½
Europeo	35	35½	36	37	37½	38	38½	39	40	41	42	43	44	45	46½
México	3	3½	4	4½	5	5½	6	6½	7	7½	9	10	11		

PESOS Y MEDIDAS

Un tema que causa alguna confusión inicial a los latinos en Estados Unidos es la diferencia en el sistema de pesos y medidas. En la gran mayoría de los países hispanos se usa el sistema métrico decimal, donde simplemente todo se divide o se multiplica por diez. Un kilómetro son mil metros y un metro tiene mil milímetros. Y punto.

En Estados Unidos no es así, y pronto estaremos tratando de averiguar cuántos kilómetros tiene una milla o cuántos litros tiene un galón. Espero que las siguientes tablas de conversión ayude al lector a hacer más fácil cualquier cálculo que tenga que hacer, aunque sea mental, en lo que se acostumbra a usar yardas en vez de metros, y pulgadas en vez de centímetros.

Medidas de longitud

1 inch *uán ínch* (1 pulgada) = 25.4 milímetros
1 foot *uán fút* (1 pie) = 30.48 centímetros
1 yard *uán llár-d* (1 yarda) = 0.914 metros
1 mile *uán mái-l* (1 milla) = 1.6 kilómetros
1 meter *uán mí-ter* (1 metro) = 1.094 yardas
1 kilometer *uán kilo-mí-ter* (1 kilómetro) = 0. 62 millas

Medidas de superficie

1 square foot *uán s-cuéar fút* (1 pie cuad.) = 0.093 metros cuadrados
1 square inch *uán s-cuéar- inch* (1 pulg. cuad.)= 6.45 centímetros cuadrados
1 square mile *uán s-cuéar mái-l* (1 milla cuad.) = 2.59 kilómetros cuadrados
1 square yard *uán s-cuéar llár-d* (1 yarda cuad.) = 0.836 metros cuadrados
1 acre *uán éi-quer* (1 acre) = 0.404 hectárea
1 square meter *uán s-cuéa-r mí-ter* (1 metro cuad.) = 1.2 yardas cuadradas

Medidas de peso

1 ounce *uán áuns* (1 onza) = 28.35 gramos
1 pound *uán páun-d* (1 libra) = 0.453 kilogramos / 16 onzas
1 gram *uán grá-m* (1 gramo) = 0.035 onzas
1 kilogram *uán kilo-grá-m* (1 kilogramo) = 2.2 libras

Medidas de volumen

1 gallon *uán gá-lon* (1 galón) = 4.5 litros / 4 cuartos
1 ounce *uán áun-s* (1 onza) = 28.4 mililitros
1 pint *uán pá-int* (1 pinta) = 0.568 litros
1 quart *uán cuór-t (1 cuarto)* = 0.95 litros / 2 pintas
1 liter *uán líter* (1 litro) = 1.76 pintas / 0.22 galones

Los grados de temperatura

Si usted es como yo, no importa los años que viva en los Estados Unidos, siempre encontrará que la temperatura del aire, dada en grados Fahrenheit, es difícil de apreciar pues crecimos acostumbrados a los grados Celsius.

Hay dos fórmulas matemáticas que nos permiten hacer la conversión de Fahrenheit a Celsius y viceversa, pero no conozco a nadie todavía que se siente a hacer dichas operaciones matemáticas antes de salir por la mañana de su casa, para decidir cuál ropa va a usar.

Si usted es como yo, que prefiere algo más rápido, le incluyo abajo una tabla donde a la izquierda aparecen los grados F y a la derecha los grados C.

Fórmula para convertir grados Fahrenheit a Celsius

X menos 32 por 5/9 = (grados) C: (donde X es la temperatura en grados F):

Fórmula para convertir grados Celsius a Fahrenheit

C por 9/5 + 32 = (grados) F: (donde X es la temperatura en grados C)

Tabla de Conversión

(50° F - 100° F)

Fahrenheit	Celsius
50	10
51	10.55
52	11.11
53	11.66
54	12.22

55	12.77
56	13.33
57	13.88
58	14.44
59	15
60	15.55
61	16.11
62	16.66
63	17.22
64	17.77
65	18.33
66	18.88
67	19.44
68	20
69	20.55
70	21.11
71	21.66
72	22.22
73	22.77
74	23.33
75	23.88
76	24.44
77	25
78	25.55
79	26.11
80	26.66
81	27.22
82	27.77
83	28.33
84	28.88
85	29.44
86	30
87	30.55
88	31.11
89	31.66

90	**32.22**
91	**32.77**
92	**33.33**
93	**33.88**
94	**34.44**
95	**35**
96	**35.55**
97	**36.11**
98	**36.66**
99	**37.22**
100	**37.70**

*"Yo les brindo buenas enseñanzas,
así que no abandonen mi instrucción"*

*"I give you sound learning,
so do not forsake my teaching."*

(Proverbios 4:2)

Francisco B. Güell es periodista internacional con más de 40 años de experiencia en el campo del periodismo, mercadeo y relaciones públicas. Este libro contiene no sólo su conocimiento del idioma en el ámbito profesional, sino como inmigrante. Autor de varios libros, Güell está graduado del Colegio Baldor en La Habana, Cuba, donde dio sus primeros pasos en el estudio del inglés, y luego se convirtió en asistente de la profesora de idiomas. Continuó su carrera en periodismo y negocios, a la vez que estudió y practicó el inglés, cuando emigra a los Estados Unidos. Está casado con Lourdes, y reside en Miami, Florida.

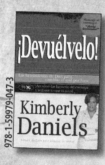

VidaCristiana

+CARISMA

La revista para latinos cristianos

Tenemos la misión de ayudar a nuestros lectores a ser lo que Dios desea. Eso lo logramos a través de secciones como:

✦ Entrevistas a líderes
✦ Noticias de lo que Dios está haciendo alrededor del mundo
✦ Columnas escritas por líderes como: Marcos Witt, Tommy Moya, Joyce Meyer, y muchos más
✦ Secciones para hombres, mujeres, jóvenes y niños
✦ Testimonios y un amplio devocionario

*"**Vida Cristiana** es un verdadero instrumento de unidad en el Cuerpo de Cristo. Es una revista que yo recomiendo personalmente. Los animo a suscribirse hoy."* —**Marcos Witt**